Ruth Bader Ginsburg hat die Welt für Frauen verändert. Die zierliche Richterin am Obersten Gerichtshof der USA gilt als moralischer Kompass und Kultfigur zugleich – geschätzt, mitunter auch gefürchtet für ihren messerscharfen Verstand, ihren Witz und ihren Kampfgeist.
Ruth Bader Ginsburg wurde 1933 in Brooklyn geboren. 1956 begann sie ihr Jurastudium an der Eliteuniversität Harvard als eine von nur neun Frauen unter 500 Männern. Sie wurde eine der ersten Jura-Professorinnen des Landes und erkämpfte in den 1970er-Jahren bahnbrechende Gerichtsurteile zur Gleichstellung der Geschlechter. 1993 ernannte Präsident Clinton sie zur Richterin am Supreme Court.

HELENA HUNT ist Herausgeberin einer Reihe von Büchern, in denen sie Statements von berühmten Personen aus Politik, Gesellschaft und modernem Leben sammelt.

Ruth Bader Ginsburg

300 Statements der berühmten Supreme-Court-Richterin

**Herausgegeben von
Helena Hunt**

Aus dem Amerikanischen
von Stefanie Retterbush

btb

Die amerikanische Originalausgabe erschien 2018
unter dem Titel »Ruth Bader Ginsburg – In her Own Words«
bei B2 Books/Agate Publishing Inc., Chicago.

Alle Anmerkungen im Text stammen von der Übersetzerin
Stefanie Retterbush.

Sollte diese Publikation Links auf Webseiten Dritter enthalten,
so übernehmen wir für deren Inhalte keine Haftung,
da wir uns diese nicht zu eigen machen, sondern lediglich auf
deren Stand zum Zeitpunkt der Erstveröffentlichung verweisen.

 Dieses Buch ist auch als E-Book erhältlich.

MIX
Papier aus verantwor-
tungsvollen Quellen
FSC® C014496
FSC
www.fsc.org

Verlagsgruppe Random House FSC® N001967

1. Auflage
Erstveröffentlichung Oktober 2020
Copyright © 2018 Agate Publishing Inc., Chicago
Copyright © der deutschen Ausgabe 2020 btb Verlag
in der Verlagsgruppe Random House GmbH
Neumarkter Str. 28, 81673 München
Umschlaggestaltung: semper smile, München
Coverillustration: Bijou Karman/Pocko.com
Satz: Uhl + Massopust, Aalen
Druck und Bindung: GGP Media GmbH, Pößneck
Klü · Herstellung: sc
Printed in Germany
ISBN 978-3-442-77081-6

www.btb-verlag.de
www.facebook.com/btbverlag

Ich glaube, die einfachste Erklärung, und eine, die den Grundgedanken [des Feminismus] recht treffend beschreibt, findet sich in einem Song von Marlo Thomas: »Free to Be You and Me.« Sei du selbst! Dass man als Mädchen alles werden kann – Ärztin, Anwältin, Stammesoberhaupt, was auch immer. Und als Junge genauso. Wenn ein Junge Lehrer werden möchte oder Krankenpfleger oder gerne mit Puppen spielt, dann soll er das tun. [Feminismus ist] die Überzeugung, dass wir alle unsere Talente, wo auch immer sie liegen mögen, völlig frei entfalten dürfen und uns nicht von willkürlich gezogenen Grenzen einschränken lassen sollten – menschengemachten Grenzen, wohlgemerkt, ganz gewiss nicht gottgegebenen.

– RUTH BADER GINSBURG

Inhalt

Einleitung

RUTH BADER GINSBURG genießt größtes Ansehen – und das zu Recht. In den vergangenen Jahrzehnten hat die Richterin am Obersten Gerichtshof der USA sagenhaft viel erreicht. Männer und Frauen gleichermaßen haben von ihrem unermüdlichen Einsatz für die Gleichberechtigung aller Menschen profitiert – ungeachtet ihres Geschlechts oder Einkommens, ihrer Hautfarbe oder Herkunft. Von Brooklyn, New York, bis hin zum Supreme Court in Washington, D.C., hat die zierliche, knapp 1,60 Meter große Frau gewaltige Fußstapfen hinterlassen.

Joan Ruth Bader (ihr Name wurde später geändert, um Verwechslungen mit den anderen Joans auf ihrer Schule zu vermeiden) wurde 1933 in Brooklyn geboren. Ihre Großeltern mütterlicherseits waren als jüdische Einwanderer in die USA gekommen. Angespornt von ihrer Mutter – und unter deren strenger Aufsicht –, zählte Ginsburg in der Schule rasch zu den Jahrgangsbesten. Sie verschlang jedes Buch, dessen sie habhaft wurde, und mit ihren exzellenten Noten schaffte sie es auch, an der renommierten Cornell University angenommen zu werden.

Ihr Mutter Celia Bader starb nur einen Tag, bevor ihre Tochter die Highschool abschloss. Sie sollte aber einen bleibenden Einfluss auf Ginsburgs Leben und ihre Arbeit haben. Ginsburg hat oft gesagt, ihre Mutter sei der klügste Mensch gewesen, den sie je kennengelernt habe, und hätte, so sie denn die Möglichkeiten gehabt hätte, viel mehr erreichen können als sie selbst. Ihr ganzes Leben lang hat Ruth Bader Ginsburg sich daher dafür eingesetzt, dass Frauen wie ihre Mutter nicht aufgrund ihres Geschlechts in ihren Möglichkeiten beschnitten werden; dass sie denselben Zugang zu Bildung und Jobs haben sollten wie Männer und dieselben Karrierechancen.

An der Cornell University, für die ihre Familie sich auch wegen der Fülle aussichtsreicher Heiratskandidaten entschieden hatte (in den 1950er-Jahren kamen auf jede dort eingeschriebene Studentin vier Studenten), stellte Ginsburg einmal mehr ihre intellektuellen Fähigkeiten unter Beweis – der Grundstein für eine der beeindruckendsten Richterkarrieren des 20. Jahrhunderts war gelegt. Einer ihrer Professoren, Robert E. Cushman, führte ihr die zahllosen Ungerechtigkeiten vor Augen, die von Joseph McCarthy und dem »Komitee für unamerikanische Umtriebe« begangen wurden. Dieser Ausschuss stellte damals höchst umstrittene Untersuchungen gegen amerikanische Staatsbürger an, denen kommunistische Machenschaften unterstellt wurden. Cushman machte keinen Hehl aus seiner Bewunderung für die Anwälte, die jene vertraten, die sich vor dem »Komitee für unamerikanische Umtriebe« verantworten mussten, und die das Recht eines jeden amerikanischen Staatsbürgers auf freie Meinungsäußerung ohne Angst vor staatlichen Repressalien verteidigten. Diese Anwälte waren für Ginsburg Sinnbild für das, was innerhalb des Rechtssystems möglich war. Diesem leuchtenden Vorbild folgend war sie in ihrer beruflichen Laufbahn stets bestrebt gewesen, das Recht der einfachen Menschen zu verteidigen.

Neben einem Prädikatsexamen und einer Mitgliedschaft in der Ehrengesellschaft Phi Beta Kappa verließ Ginsburg die Cornell University mit etwas, das ihre Familie sich sehnlichst für sie gewünscht hatte – einem Ehemann. Aber Martin Ginsburg war, wie Ginsburg selbst sagt, nicht der typische Student der 1950er-Jahre. Mehr als alles andere bewunderte er seine Frau für ihre Intelligenz, und nie hätte er von ihr erwartet, dass sie brav zuhause blieb, während er hinausging und den Lebensunterhalt für sie beide verdiente. Er war, wie sie gerne sagt, ihr größter Unterstützer, der Mensch, der sie zu Höchstleistungen antrieb, die Ginsburg selbst zuvor für unerreichbar gehalten hatte.

Das Ehepaar lebte danach in Fort Sill, Oklahoma, wo Martin Ginsburg seinen Militärdienst leistete. Anschließend schrieb Ginsburg sich an der Harvard Law School ein. Dort war sie 1957 eine von nur neun Frauen unter 500 männlichen Studenten. Sie sollte ferner die erste Frau werden, die der renommierten Harvard Law Review angehörte. Nach ihrem Wechsel an die Columbia Law School, der nötig wurde, weil sie ihrem Mann nach New York folgen wollte (die beiden hatten eine gemeinsame Tochter, Jane, um die sie sich beide kümmern wollten), schloss sie ihr Jurastudium als eine der Besten ihres Jahrgangs ab.

Selbst mit diesem beeindruckenden Lebenslauf war es für Ginsburg nach dem Studium alles andere als einfach, eine Anstellung zu finden. Anwaltskanzleien diskriminierten ganz unverhohlen Juden, Frauen und Mütter. Und Ginsburg war alles drei. Erst als ihr Professor von der Columbia, Gerald Gunther, ein paar Strippen für sie zog, bekam sie eine Anstellung bei Bundesrichter Edmund Palmieri, wo sie sich erwartungsgemäß hervortat – allen vorgeblichen Unzulänglichkeiten zum Trotz. Obwohl Ginsburg und andere Anwältinnen in dieser Zeit sich der Diskriminierung auf dem Arbeitsmarkt und anderswo durchaus bewusst waren, nahmen sie diese doch meist als gegeben hin. Die Bürgerrechtsbewegung der 1950er- und 1960er-Jahre und die Frauenbewegung, die etwas zeitversetzt begann, mussten zuerst die gesellschaftliche Grundstimmung verändern. Erst dann erreichte der Wandel auch den Berufsstand der Juristen – und die Gesetzbücher.

Ginsburg begann erst, sich in der Frauenbewegung zu engagieren, als sie Professorin (und die erste Frau mit einem Lehrstuhl überhaupt) an der Columbia Law School wurde und sie von einigen ihrer Studenten gebeten wurde, ein Seminar zum Thema »Frauen und Recht« anzubieten. Sie machte sich an die – nicht sehr umfangreiche – Recherche und stellte fest, dass bis in die frühen 1970er-Jahre verschwindend wenig Gleichstellungsfälle vor die amerikanischen Gerichte gebracht worden waren. Und dass die Gesetze und Bestimmungen in den Vereinigten Staaten nur so vor Präzedenzfällen strotzen, die Frauen eklatant benachteiligten. Ginsburg sollte sich bald daranmachen, diesen Missstand zu beheben.

1972 wurde Ginsburg Mitbegründerin des Women's Rights Project in Zusammenarbeit mit der American Liberties Union (ACLU), einer Nichtregierungsorganisation, die sich für Bürgerrechte einsetzt. Ginsberg und ihre Anwaltskolleginnen von der ACLU zielten auf keinen Rundumschlag. Vielmehr machten sie sich mit Hilfe von Einzelfällen daran, ein Gesetz nach dem anderen zu kippen. Dabei betonten sie immer wieder, dass Geschlechterstereotype für beide Geschlechter – Frauen wie Männer – negative Auswirkungen haben können: Einer Frau, Leutnant der Luftwaffe, wurden zum Beispiel Leistungen wie Wohngeld und Krankenversicherung für ihren Ehemann verweigert; einem Witwer stand die Pension seiner verstorbenen Frau nicht zu, um für ihr gemeinsames Kind zu sorgen; und in manchen Bundesstaaten waren Frauen nicht verpflichtet, in Geschworenengerichten zu sitzen. Weder seien Männer immer Alleinverdiener, argumentierte Ginsburg, noch seien Frauen immer Hausfrauen. Das Gesetz dürfe normalen Bürgern nicht solche verallgemeinernden Annahmen überstülpen. Vielmehr solle es allen Menschen, wie sie so gerne sagte, die Freiheit geben zu sein, wer sie sein wollen. »Free to be you and me.« In *Reed v. Reed, Frontiero v. Richardson, Weinberger v. Wiesenfeld* und den vielen anderen Fällen, die sie in den Siebzigern vertreten oder an denen sie mitgearbeitet hat, wurden bislang zementierte Geschlechterrollen über den Haufen geworfen. Letztendlich sollte Ginsburg zwar den Kampf um das *Equal Rights Amendment* verlieren, einen Zusatz zur Verfassung, mit der die Gleichberechtigung von Mann und Frau zum Grundrecht eines jeden US-Bürgers geworden wäre, doch hat ihre Arbeit in den Gerichten mit dazu beigetragen, dass vor dem Auge des Gesetzes wahrhaft alle Menschen gleich sind.

Präsident Jimmy Carter erkannte Ginsburgs wachen Gerechtigkeitssinn und berief sie 1980 an das Bundesberufungsgericht der Vereinigten Staaten für den Gerichtsbezirk District of Columbia, an dem sie zwölf Jahre tätig war. Von dort sollte sie schließlich ihre größte und zugleich schwerste Aufgabe antreten: als Richterin am Obersten Gerichtshof. Präsident Bill Clinton schlug sie 1993 für dieses hohe Amt vor. Und unter Anerkennung ihres Talents und ihrer besonderen Qualifikation für das höchste Richteramt bestätigte der Senat sie mit 96 Stimmen und nur drei Gegenstimmen.

Als liberales Mitglied des Obersten Gerichtshofs mahnt Richterin Ginsburg immer wieder zu einer Verfassungsauslegung, die alle Menschen vor dem Gesetz gleichbehandelt. Eine ihrer maßgeblichsten und persönlichsten Urteilsbegründungen schrieb sie für den Fall *United States v. Virginia*, nach dem Frauen zum ersten Mal am prestigeträchtigen, staatlich finanzierten Virginia Military Institute zugelassen wurden. Der Fall (der mit sieben Ja-Stimmen und einer Gegenstimme entschieden wurde) gilt häufig als Höhepunkt ihres Lebenswerks, weil mit ihm die Möglichkeiten, die Männern schon immer offenstanden, auch für Frauen zugänglich gemacht wurden.

Nicht jeder ihrer Fälle endete mit einer Mehrheit für Richterin Ginsburg – im gegenwärtig konservativen Supreme Court gehört sie zu den Richtern, die am häufigsten von der Mehrheitsmeinung abweichen. Doch selbst wenn sie oft die Minderheitsmeinung vertritt – ihre Worte sind stets machtvoll und mitunter vernichtend. Und in manchen Fällen haben sie geltendes Recht verändert. Nach ihrem schonungslosen Sondervotum im Fall *Ledbetter v. Goodyear Tire & Rubber Co.*, einer Klage gegen die ungleiche Bezahlung von Frauen, verabschiedete der Kongress den Lilly Ledbetter Fair Pay Act, ein Gesetz, das de facto die höchstrichterliche Entscheidung korrigierte und die Verjährungsfrist für andere Klagen wegen ungleicher Bezahlung aufhob. In weiteren Sondervoten zu Fällen wie *Burwell v. Hobby Lobby Stores, Inc.*, *Wal-Mart Stores, Inc. v. Dules* und *Sleby County v. Holder*, neben vielen anderen, hat sie Kongress und Gericht auf Ungerechtigkeiten und Diskriminierungen aufmerksam gemacht, so wie sie es immer schon getan hat. Richterin Ginsburg hofft – wie so viele andere –, dass diese Sondervoten, wie jenes, was sie für den Fall *Ledbetter* geschrieben hat, eines Tages geltendes Recht werden.

Die Zitate in diesem Buch wurden zusammengestellt aus einer Vielzahl von Ginsburgs zahlreichen öffentlichen Auftritten, Interviews und Schriften, sowie einigen ihrer wichtigsten Fälle, die sie als Anwältin vertreten und denen sie als Richterin vorgesessen hat. Mehr über diese Fälle im Kapitel »Meilensteine« am Ende dieses Buches, in dem chronologisch geordnet auch andere wichtige Lebensereignisse aufgeführt sind.

Richterin Ginsburg nutzt Recht und Gesetz nicht zugunsten von Unternehmen oder Regierungsstellen oder reichen Gönnern. Sie will vielmehr erhalten, was ihrer Ansicht nach das wahre Ansinnen der Gründerväter war (selbst wenn diese damals noch nicht erkannten, *was* ihr eigentliches Ansinnen war): eine Gesellschaft zu erschaffen und zu erhalten, in der alle Bürger vor dem Gesetz gleich sind. Und über ihr Eintreten als Anwältin, ihre Urteilsbegründungen als Oberste Richterin und ihre gestalterische Einflussnahme auf das Gesetz hinaus legt auch Ruth Bader Ginsburgs eigenes Leben Zeugnis ab von ihrer Überzeugung, dass Frauen gleiche Rechte – und ebenso viel Ansehen – verdienen wie Männer.

Teil I

FREIHEITSRECHTE

SEI DU SELBST!

Rechte und Werte

ICH SELBST HABE davon profitiert, dass mein
Vater die Alte Welt und die dort herrschenden
Lebensbedingungen hinter sich lassen und
hierherkommen, seinen Lebensunterhalt
verdienen und eine Familie gründen konnte.
Das ist für mich Amerika.

George Washington University, 23. Februar 2017

WAS IST DER Unterschied zwischen einer Buchhalterin aus dem New Yorker Garment District
und einer Obersten Richterin? Nur eine Generation. Mein Leben ist Zeugnis für die unterschiedlichen Chancen, die meine Mutter, eine
Buchhalterin, einst hatte, und denen, die ich
hatte. Wo außer in den USA wäre das sonst
möglich?

**Feierlichkeiten der Tauro Synagoge
zum 350. Jahrestag der ersten Juden
in Nordamerika, 22. August 2004**

WIE SOLL ICH den Amerikanischen Traum beschreiben? ... Vielleicht lässt er sich mit meiner ersten Fahrt in der New Yorker U-Bahn beschreiben, nachdem ich zuvor ein paar Monate in Schweden gewesen war, wo alle irgendwie gleich aussahen. Da saß ich also in der U-Bahn, und um mich herum [war] diese unglaubliche wimmelnde Vielfalt an Menschen. Das Motto der Vereinigten Staaten lautet: »E pluribus unum« – »Aus vielem eins.« Dahinter steckt die Idee, dass wir einander und unsere Unterschiede nicht nur tolerieren, sondern wertschätzen, und, wenn es hart auf hart kommt, alle zusammenstehen.

Interview mit der Academy of Achievement,
17. August 2010

ICH MÖCHTE NICHT zu harsch über die Vergangenheit urteilen. Aber ich hoffe, das Leitmotiv der Vereinigten Staaten – dass alle Menschen hier willkommen sind und alle Religionen, alle Weltanschauungen respektiert werden –, dass diese grundlegende Überzeugung Bestand haben wird und weiter gedeiht.

National Press Club, 10. Juli 2013

IN ZEITEN DES Terrors die Freiheit zu verteidigen ist immer schwierig, und wir haben dabei einige unentschuldbare Fehler gemacht. Man denke nur daran, was japanischstämmigen Menschen während des Zweiten Weltkriegs an der Westküste widerfuhr. Ich glaube, wir lernen aus unseren Fehlern; diese Fehler werden wir nie wieder machen... Natürlich ist Sicherheit wichtig, aber es gilt, unsere individuellen Freiheitsrechte zu schützen. Sonst sind wir nicht besser als die Mächte, gegen die wir kämpfen.

University of Colorado Law School, 19. September 2012

IN FINSTEREN ZEITEN und in einer repressiven
Gesellschaft sollte unsere Menschlichkeit uns
stets gemahnen, nicht auf unsere Schwächen
zu schauen, sondern uns auf unsere Stärken zu
besinnen – darauf, dass wir uns an Moral und
Anstand festhalten müssen, damit wir niemals
im Dienste politischer Führer Gesetze erlassen
oder Verordnungen befolgen, die anderen
ihre Menschlichkeit, ihre menschliche Würde,
absprechen.

American Jewish Committee, 4. Mai 1995

NIE DÜRFEN WIR das Grauen vergessen, das
unsere Brüder und Schwestern in Bergen-
Belsen und anderen Konzentrationslagern
der Nazis durchlitten. Aber wir müssen
auch versuchen zu verstehen, dass Hass und
Vorurteile für aufrechte Menschen weder
eine gute Beschäftigung sind noch passende
Wegbegleiter.

**Mitteilungsblatt des East Midwood Jewish Center,
21. Juni 1946**

SORGENVOLL ERINNERN WIR uns daran, dass
Hitlers Europa, sein Holocaust-Reich, nicht
gesetzlos war. Nein, es war ein Reich vieler
Gesetze; Gesetze, befolgt und angewendet von
gebildeten Menschen – Lehrern, Anwälten
und Richtern –, die Unterdrückung, Knecht-
schaft und Massenmord erst ermöglichten.
Wir alle sind uns einig darin, wenn wir
sagen: »Nie wieder« – nicht nur zum größten
Unrechtsregime in der Geschichte Europas,
sondern auch zu einer Welt, in der anständige
Menschen, Frauen und Männer, in den USA
wie anderswo, die Verbrechen der Nazis mit
eigenen Augen gesehen oder von ihnen gewusst
haben, und sie doch geschehen ließen.

> **Days of Rememberance (Holocaustgedenktage),**
> **22. April 2004**

Es ist zwar viel Licht in der Welt heutzutage, aber es gibt in unserem Universum auch entmutigende Finsternis: Unmenschlichkeit, angeheizt durch Unwissenheit und Hass. Wir sehen erschreckende Beispiele dafür im Nahen Osten, in Teilen Afrikas, in der Ukraine… Mit Worten und Taten können wir zusammen mit anderen Gleichgesinnten Lichter entzünden entlang des Weges, der hinausführt aus dieser beängstigenden Dunkelheit.

**Website des American Jewish World Service,
18. März 2015**

Auf lange Sicht gesehen bin ich optimistisch. Ein großer Mann hat einmal gesagt, das wahre Wappenzeichen der Vereinigten Staaten sei nicht der Weißkopfseeadler, sondern das Pendel. Und wenn das Pendel zu weit in eine Richtung schwingt, kommt es unweigerlich wieder zurück. Entsetzliche Dinge sind in den USA geschehen, aber mir bleibt nur zu hoffen, dass wir aus diesen schlimmen Dingen lernen.

***BBC Newsnight,* 23. Februar 2017**

ANDERS ALS UNSERE Vorfahren beim Auszug aus Ägypten wird unser Weg wohl kaum von wundersamen Begebenheiten gesäumt sein. Bei dem Bemühen, den Sumpf aus Vorurteilen und Unterdrückung trockenzulegen, müssen wir uns auf die von uns selbst geschaffenen Werkzeuge verlassen – auf die Umsicht unserer Gesetze und den Anstand unserer Institutionen, auf unseren klaren Verstand und unser Mitgefühl. Und als ewiger Funke, den es weiterzugeben gilt, unsere eindringlichen Erinnerungen an das Böse, das wir aus der Welt zu vertreiben trachten. In unserem langen Kampf für eine gerechtere Welt zählt die Erinnerung zu unseren kostbarsten Gütern.

Days of Rememberance (Holocaustgedenktage),
22. April 2004

EIN GROSSER JURIST hat einmal gesagt, falsche Behauptungen entlarve man am besten durch Tatsachen. Wenn also eine falsche Behauptung aufgestellt wird, sollten die Menschen, denen das nicht egal ist, laut und vernehmlich sagen: »Nein, das stimmt nicht, das ist nicht wahr. Wahr ist – was auch immer es gerade ist.« Ich glaube also, die beste Versicherung sind Menschen, die jene zur Rede stellen und der Lüge überführen, die Unwahrheiten verbreiten, und sie an den Pranger stellen.

University of Hawaii at Mānoa, 16. Februar 2017

WENN SIE MICH fragen, spielt die Presse eine immens wichtige Rolle, weil sie die Regierung jederzeit ganz genau im Auge behält. Was wiederum verhindert, dass die Regierung allzu sehr über die Stränge schlägt, denn dann stünde sie ungewollt im Rampenlicht. Es stimmt sicher, dass es auch auf Seiten der Presse viele Exzesse gibt, aber damit müssen wir wohl leben in Anbetracht der Alternativen.

***The Kalb Report*, 17. April 2014**

DIE FLÄCHENDECKENDE GESUNDHEITSVERSORGUNG
ist heute eine Angelegenheit von nationaler
Bedeutung, genau wie es in den 1930er-Jahren
die Altersvorsorge und die Kriegsversehrten-
und Hinterbliebenenrente waren.

Zum *Affordable Care Act* (Obamacare),
zustimmende Stellungnahme, *National Federation
of Independent Business v. Sebelius*, 28. Juni 2012

MIT DER ZEIT werden aus den Jungen und
Gesunden von heute die Alten und Gebrech-
lichen von morgen. Über ein ganzes Menschen-
leben betrachtet gleichen sich Kosten und
Nutzen mehr oder minder aus: Die Jungen,
die heute noch einen höheren Beitrag
leisten, werden später als Rentner weniger
einbezahlen.

Zum *Affordable Care Act* (Obamacare),
zustimmende Stellungnahme, *National Federation of
Independent Business v. Sebelius*, 28. Juni 2012

Es GIBT EIN übergeordnetes Interesse, wie ich finde, dass die Gerichte sich »aus der Bewertung unterschiedlicher religiöser Meinungen heraushalten«. Ihre Aufgabe ist es nicht, die Frömmigkeit zu beurteilen, mit der jemand an eine bestimmte religiöse Überzeugung glaubt. Denn gewissen religiösen Behauptungen seinen Segen zu erteilen und andere wiederum der Berücksichtigung für unwert zu erachten könnte »als Bevorzugung einer Religion vor der anderen gesehen werden«. Genau dieses »Risiko sollte der Zusatzartikel zur Verfassung bezüglich der Trennung von Staat und Kirche und des Verbots einer Staatsreligion eigentlich ausschließen«.

Zur Entscheidung des Obersten Gerichtshofs, Unternehmen zu gestatten, aus religiösen Gründen Empfängnisverhütung von der Krankenversicherung auszuschließen, Minderheitsmeinung, *Burwell v. Hobby Lobby Stores, Inc.*, 30. Juni 2014

RELIGIÖSE ORGANISATIONEN SIND dazu da, die Interessen von Menschen mit denselben religiösen Überzeugungen zu vertreten. Was man von profitorientierten Unternehmen nicht behaupten kann. Deren Mitarbeiter werden nicht aus einer religiösen Gemeinschaft rekrutiert. Ganz im Gegenteil, nach dem Gesetz dürfen religiöse Kriterien bei der Auswahl der Arbeitnehmerschaft keine Rolle spielen.

Zur Entscheidung des Obersten Gerichtshofs, Unternehmen zu gestatten, aus religiösen Gründen Empfängnisverhütung von der Krankenversicherung auszuschließen, Minderheitsmeinung, *Burwell v. Hobby Lobby Stores, Inc.*, 30. Juni 2014

DIE LEUTE DENKEN: »Warum sollte ich zur Wahl gehen? Dieser Wahlkreis ist fest in republikanischer Hand, oder jener Wahlkreis ist fest in demokratischer Hand. Meine Stimme zählt gar nicht.« Das ist nicht gut für eine Demokratie.

Zur Manipulation der Wahlbezirkseinteilung zum Vorteil einer Partei, 92 nd Street Y, 26. September 2017

Gleiches Recht vor dem Gesetz

DIE HERKUNFT EINES Menschen sollte keine
Rolle dabei spielen, wie er behandelt wird.
Wenn ein Mensch in ein Elternhaus mit einer
bestimmten Religion oder Hautfarbe geboren
wird, dann sind das Kriterien, die überhaupt
nichts darüber aussagen, was er erreichen oder
welchen Beitrag zur Gesellschaft er leisten
kann.

**Anhörung während des Bestätigungsverfahrens
vor dem Justizausschuss des Senats, Juli 1993**

WIR HATTEN IM Zweiten Weltkrieg gegen
eine abscheuliche Ausgeburt des Rassismus
gekämpft. Und doch waren unsere Truppen,
für den Großteil des Krieges, nach Rassen
getrennt. Die Apartheit in Amerika musste
nach dem Zweiten Weltkrieg wirklich weg,
denn der Rassismus, wie wir ihn in den USA
erlebten, stand im krassen Gegensatz zu dem,
wofür wir in Übersee gekämpft hatten.

**University of California Hastings College of Law,
15. September 2011**

ICH ERINNERE MICH noch, wie wir einmal von einem Wochenendausflug zurückkehrten. Wir fuhren durch Pennsylvania, und da war eine Pension, heute würde man wohl »Bed and Breakfast« dazu sagen, an der hing draußen ein Schild: »Keine Hunde oder Juden.« So was hatte ich noch nie gesehen… Ich war wütend und entsetzt, weil ich so unglaublich stolz darauf war, in den USA geboren und aufgewachsen zu sein.

Only in America, **2. September 2004**

MENSCHEN, DIE DISKRIMINIERUNG am eigenen Leib erfahren haben, sind mitfühlender, wenn es um die Diskriminierung anderer geht, weil sie ganz genau wissen, wie es sich anfühlt, benachteiligt zu werden. Und zwar aus Gründen, die rein gar nichts mit den eigenen Fähigkeiten zu tun haben oder mit dem Beitrag, den man für die Gesellschaft zu leisten imstande ist.

Anhörung während des Bestätigungsverfahrens vor dem Justizausschuss des Senats, Juli 1993

Wenn wir die Menschen nicht schützen, die wir nicht mögen, machen wir uns selbst angreifbar. Im 4. Zusatzartikel der amerikanischen Verfassung steht nicht: »Die Bösen dürft ihr ruhig durchsuchen, aber bitte nicht die Guten.«

Aspen Institute Socrates Program,
23. Oktober 2014

DAS GERICHT GIBT der Polizei heute eine Handreiche, die im 4. Zusatzartikel genannten Anforderungen für Hausdurchsuchungen bei Drogenverdachtsfällen tagtäglich zu missachten. Statt ihre gesammelten Beweise einem neutralen Richter vortragen zu müssen, dürfen Polizisten jetzt klopfen, kurz abwarten und dann die Tür eintreten, selbst wenn sie vorher mehr als genug Zeit gehabt hätten, einen Durchsuchungsbeschluss zu erwirken.

Minderheitsmeinung, *Kentucky v. King,*
16. Mai 2011

VORURTEILE, OB NUN bewusster oder unbewusster Natur, sind Ausdruck gewohnter und unreflektierter Gedankenmuster und tragen dazu bei, Barrieren aufrechtzuerhalten, die fallen müssen, wenn Chancengleichheit und Nichtdiskriminierung in diesem Land jemals wirklich Gesetz und Gepflogenheit werden sollen.

Minderheitsmeinung, *Adarand Constructors,*
Inc. V. Peña, **12. Juni 1995**

MAN SOLLTE MIT besonderem Misstrauen jene
Gesetze betrachten, die bestimmte Gruppie-
rungen benachteiligen, vor allem, wenn diese
nicht proportional in den gesetzgebenden
Organen vertreten oder an der Entscheidungs-
findung beteiligt sind.

Georgetown University, 27. April 2017

IM JULI 1965 trat Title VII[1] in Kraft. Arbeitgeber mussten darauf reagieren und Regelungen und Vorschriften abschaffen, die ethnische Minderheiten von »weißen« Arbeitsstellen
fernhielten. Aber offenkundig rassistische
Auswahlkriterien abzuschaffen bedeutete
nicht zwangsläufig Chancengleichheit für alle.
Denn unterschwellige – und manchmal auch
unbewusste – Formen der Diskriminierung
traten nun an die Stelle der einst offenkun-
digen Beschränkungen.

**Minderheitsmeinung, *Ricci v. DeStefano*,
29. Juni 2009**

---

1 Ein Bürgerrechtsgesetz zur Gleichheit der Beschäftigungs-
chancen

ERST NACH *LOVING v. Virginia* ... bei dem das in Virginia geltende Verbot gemischtrassiger Ehen für verfassungswidrig erklärt wurde, konnte man mit völliger Sicherheit behaupten, dass die Verfassung und dieses Gericht keinerlei Maßnahmen mehr verfolgen würden, die »dazu geeignet sind, die weiße Vorherrschaft zu erhalten«.

Minderheitsmeinung, *Adarand Constructors, Inc. v. Peña,* **12. Juni 1995**

MENSCHEN, DIE GLAUBEN, man könnte einfach mit einem Zauberstab wedeln, und schon wäre das Erbe der Vergangenheit vergessen, sind blind. Man denke nur an Stadtteilstrukturen. Es gibt noch immer viele Wohnviertel, die kaum gemischt sind. Es gibt noch immer viele Schulen, an denen, selbst lange nach Ende der staatlich verordneten Rassentrennung, aufgrund geografischer Gegebenheiten de facto Rassentrennung herrscht.

The Rachel Madden Show, **16. Februar 2015**

BESONDERE UMSTÄNDE RECHTFERTIGEN eine besonders eingehende Kontrolle durch die Justiz, um Wählerminderheiten zu schützen – Umstände, die auf Wählermehrheiten nicht zutreffen. Der Ausschluss aus der Politik hat ethnische Minderheiten in der Vergangenheit der Möglichkeit beraubt, für ihre angemessene Repräsentation in der Legislative zu sorgen … Der Schutz der Rechte von Wählerminderheiten hätte daher auch weiterhin nur auf dem Papier bestehen bleiben können, hätte die richterliche Gewalt sie nicht unter strenge Beobachtung genommen.

Zur Manipulation der Wahlbezirkseinteilung zum Schutz von Wählerminderheiten, Minderheitsmeinung, *Miller v. Johnson*, 29. Juni 1995

»DIE WÄHLERDISKRIMINIERUNG HÄLT bis heute an; daran besteht überhaupt kein Zweifel.«… Aber das Gericht hat heute ausgerechnet jenes Mittel verboten, das am besten dazu geeignet ist, diese Diskriminierung zu unterbinden. Der Voting Rights Act (kurz VRA) von 1965 hat mitgeholfen, Wählerdiskriminierung dort zu bekämpfen, wo andere Mittel versagt haben. Besonders effektiv ist dabei die Auflage des VRA, in jenen Regionen des Landes, in denen es die ärgsten Belege für eine krasse Diskriminierung gegen Wählerminderheiten gibt, für sämtliche Änderungen des Wahlrechts vorab eine bundesstaatliche Genehmigung einzuholen.

Minderheitsmeinung, *Shelby v. Holder*,
25. Juni 2013

DIE [BUNDESSTAATLICHE] VORABGENEHMIGUNG von Änderungen [im Wahlrecht] zu verwerfen, obwohl sie ihren Zweck erfüllt hat und noch immer erfüllt, ist, als werfe man seinen Regenschirm hinaus in den tosenden Sturm, nur, weil man nicht nass geworden ist.

Minderheitsmeinung, *Shelby v. Holder*,
25. Juni 2013

SO, WIE IN Kalifornien Gebäude erdbebensicherer gebaut werden müssen als anderswo, muss man in Gegenden, in denen es eine größere ethnische Polarisierung der Wählerschaft gibt, umfassendere prophylaktische Maßnahmen ergreifen, um zu verhindern, dass Menschen anderer Hautfarbe absichtlich diskriminiert werden.

Minderheitsmeinung, *Shelby v. Holder*, 25. Juni 2013

GELEGENTLICH KÖNNEN ANGEHÖRIGE der historisch bevorzugten Ethnie durch ebenjene Auffangmechanismen zu Schaden kommen, die eigentlich dazu gedacht sind, die bis heute anhaltenden Nachwirkungen tiefsitzender rassistischer Unterdrückung abzumildern. Mittels gerichtlicher Überprüfung kann sichergestellt werden, dass die Bevorzugung nicht derart ausartet, dass es andere in ihren Möglichkeiten einschränkt oder die gerechtfertigten Erwartungen eines Einzelnen der einst bevorzugten Gruppe zu harsch beschnitten werden.

Minderheitsmeinung, *Adarand Constructors,*
Inc. v. Peña, **12. Juni 1995**

DER SCHANDFLECK VIELER Generationen rassistischer Unterdrückung ist in unserer Gesellschaft bis heute sichtbar … und der Entschluss, ihn so schnell wie möglich auszumerzen, ist nach wie vor von äußerster Dringlichkeit. Man sollte also davon ausgehen können, dass Colleges und Universitäten ihre Programme zur Minderheitenförderung aufrechterhalten werden – ob sie dies nun ganz offen durch eine Quotenregelung oder dergleichen tun oder nicht … Ohne solche Maßnahmen könnten Institutionen der höheren Bildung womöglich sonst auf eine Taktik der Täuschung und Tarnung verfallen.

Zur Entscheidung des Obersten Gerichtshofs, das Minderheitenförderungsprogramm der University of Michigan verstoße gegen Title VII und die *Equal Protection Clause*[2], Minderheitsmeinung, *Gratz v. Bollinger*, 23. Juni 2003

---

2 In der unter anderem der Schutz vor Diskriminierung gewährleistet wird

STAATLICHE EINRICHTUNGEN, EINSCHLIESSLICH der staatlichen Universitäten, brauchen nicht blind zu sein gegen die noch immer anhaltenden Nachwirkungen einer »offen diskriminierenden Vergangenheit«, dem Erbe »jahrhundertelanger, gesetzlich legitimierter Ungleichheit«... Ich bin der Überzeugung, unter den verfassungsrechtlich zulässigen Möglichkeiten »sind jene zu bevorzugen, die frank und frei die Berücksichtigung des ethnischen Hintergrunds ihrer Studenten offenlegen, und nicht die, die das zu verbergen versuchen«.

Zur Minderheitenförderung an der University of Texas, Minderheitsmeinung, *Fisher v. University of Texas at Austin*, 24. Juni 2013

ZU JENEN ZEITEN, als Homosexuelle noch verheimlichen mussten, wer sie wirklich waren, gab es eine Form der Diskriminierung, die sehr schnell zu bröckeln begann, als sie sich nicht mehr versteckten und sich zu ihrer Homosexualität bekennen konnten.

National Convention for the American Constitution Society for Law and Policy, 13. Juni 2015

FÜR DIE JUNGEN Leute ist das kein Thema, zumindest nicht für die, die ich kenne. Es ist einfach überhaupt kein Thema. Wenn man einen anderen Menschen liebt und ihn heiraten möchte, dann sollte man das können, ganz gleich, ob er oder sie dem gleichen Geschlecht angehört oder dem anderen.

European University Institute, 2. Februar 2016

SÄMTLICHE VERGÜNSTIGUNGEN, SÄMTLICHE Anreize für die Ehe blieben auch weiterhin erhalten, man nimmt also heterosexuellen Paaren nichts weg [wenn homosexuelle Paare heiraten dürfen]. Für sie gäbe es genau dieselben Anreize zu heiraten, dieselben Vergünstigungen, die eine Ehe mit sich bringt, wie sie sie jetzt haben.

**Mündliche Erörterung, *Obergefell v. Hodges*,
28. April 2015**

VIELE MENSCHEN FÜHREN, mit dem Segen des Staates Texas, sexuelle Beziehungen, ohne sich dabei fortzupflanzen… Was auch immer dieser Satz in vergangenen Zeiten einmal bedeutet haben mag, man kann jedenfalls nicht mehr behaupten, dass sexuelle Beziehungen heutzutage allein der Fortpflanzung dienen und alles, was diesen Zweck nicht erfüllt, die Grenze des Zulässigen überschreitet. Die Unterscheidung ist unmöglich.

Zum texanischen Gesetz, das gleichgeschlechtliche Beziehungen verbietet, mündliche Erörterung, *Laurence v. Texas*, 26. März 2003

ICH GLAUBE, DAS ist ein weiteres Signal dafür, dass zwei Menschen, die einander lieben und zusammenleben möchten, in den Genuss kommen sollten, Segnungen und Mühsal einer Ehe zu erleben.

Anlässlich der von Ruth Bader Ginsburg vorgenommenen Trauung eines gleichgeschlechtlichen Paares, *Washington Post*, 20. August 2013

ILLEGALE EINWANDERER SIND nicht durch das Gesetz geschützt und damit allergrößter Gefahr ausgesetzt, Opfer von Ausbeutung zu werden. Infolgedessen sind sie zwangsläufig oft genug dazu bereit, für Hungerlöhne zu schuften, die niemand, der in unserem Land willkommen ist, je annehmen würde. Ich glaube, die Lösung dieses Problems liegt beim Kongress. Menschen, die hart gearbeitet und ihre Steuern bezahlt haben, sollten die Chance erhalten, eines Tages die Staatsbürgerschaft zu erwerben.

The Takeaway, 15. September 2013

»GLEICHES RECHT VOR dem Gesetz« steht eingraviert über dem imposanten Eingang des Obersten Gerichtshofs. Ein Ideal, dem es weiter nachzustreben gilt. Auch dank der unermüdlichen Bemühungen von Anwälten stellen Rasse, Geschlecht und andere zufällige Merkmale unserer Herkunft heutzutage, anders als früher einmal, kein Hindernis mehr dar, vor Gericht gehört zu werden. Es stimmt aber auch, dass Mittellose, und selbst Angehörige der Mittelklasse, erhebliche Kosten in Kauf nehmen müssen, um sich vor Gericht Gehör zu verschaffen. Sie verfügen nicht über dieselben Voraussetzungen wie jemand mit dickem Portemonnaie oder politischem Gewicht.

Washington School of Law, 4. April 2001

Die

Frauenrechts-

bewegung

DENKT MAN AN die wahrlich großen und mutigen Gestalten der Frauenrechtsbewegung – Susan B. Anthony, Elizabeth Cady Stanton –, dann waren das Frauen, die von keiner Welle mitgetragen wurden. Wir schon. Wir kamen zu einer Zeit, als die Gesellschaft endlich so weit war, uns zuzuhören.

New York Bar Association, 15. November 2000

SARA GRIMKE, EINE bekannte Abolitionistin und Fürsprecherin der Gleichberechtigung von Mann und Frau, sagte 1837 nicht besonders elegant, aber ganz unumwunden und unmissverständlich: »Ich bitte nicht um die Bevorzugung meines Geschlechts. Ich will nur, dass unsere Brüder den Fuß von unserem Nacken nehmen.«

Mündliche Erörterung, *Frontiero v. Richardson*,
17. Januar 1973

IN DEN FRÜHEN 1870er-Jahren sagte eine
Frau namens Virginia Minor… »Ich bin ein
Mensch, dem der gleiche Schutz durch das
Gesetz zusteht. Das grundlegendste Recht
eines Bürgers ist es, diejenigen zu wählen, die
ihn vertreten. Also, ich bin ein Mensch, ich bin
eine Bürgerin, folglich habe ich auch das Recht
zu wählen.« Worauf der Oberste Gerichtshof
erwiderte: »Natürlich sind Sie ein Mensch.
Daran gibt es gar keinen Zweifel. Und Sie
sind Staatsbürgerin. Aber Kinder sind auch
Staatsbürger. Und wer käme schon auf den
Gedanken, Kinder wählen zu lassen?«

Aspen Institute Socrates Program,
23. Oktober 2014

ES GAB FRAUEN vor mir und Frauen nach
mir, die das wenige, was ich zu erreichen
vermochte, erst ermöglicht haben. Die Frauen
vor mir waren Menschen wie Pauli Murray und
Dorothy Kenyon. Das waren die Feministinnen
der 1940er- und 1950er- und 1960er-Jahre.
In diesen hoffnungslosen Zeiten haben sie die
Idee der Gleichberechtigung weitergetragen.

Georgetown University Law Center,
6. September 1993

Es gab Menschen, die haben gesagt… »Es gibt Wichtigeres zu tun. Sollen die Frauen doch warten. Sollen sie warten, bis die Rassentrennung aufgehoben ist. Sollen sie warten, bis endlich Frieden herrscht auf der Welt.« Immer sollen die Frauen hübsch bescheiden warten, bis sie endlich an der Reihe sind.

New York Bar Association, 15. November 2000

Ich glaube, in den 1950er- und 1960er-Jahren hat man gedacht, eine Frauenstimme kann man ruhig ausblenden, weil sie ohnehin nichts von Bedeutung zu sagen hat. Das ist wirklich weniger geworden. Und trotzdem gibt es das auch heute noch, und es ist beileibe keine Erfahrung, die nur ich allein gemacht habe. Ich habe mit anderen Frauen in einflussreichen Positionen gesprochen, und allen ist es genauso ergangen.

New York Times, **7. Juli 2009**

ICH DACHTE, ALS Frau benachteiligt zu werden gehöre einfach dazu, und ich müsse mich damit abfinden. Umzudenken begann ich erst, als ich die beiden Sommer 1962 und 1963 in Schweden verbrachte. Eine Frau namens Eva Moberg war es, die den Anstoß gab, das Ganze von einer anderen Seite zu betrachten. Sie hatte damals eine Kolumne in der Stockholmer Tageszeitung. Und im Grunde genommen stellte sie die Frage, warum Frauen zwei Jobs haben sollten und Männer nur einen? Schweden war den USA weit voraus. Damals war es gesellschaftlich zwar weitestgehend akzeptiert, dass es zwei Verdiener in der Familie gab … aber von den Frauen wurde zusätzlich erwartet, dass sie mit den Kindern zum Kontrolltermin beim Zahnarzt gingen, neue Schuhe kauften und um sieben das Essen auf dem Tisch stand. Unter Frauen wurde diese Idee heiß diskutiert – dass es eben nicht reicht, wenn er bloß den Müll rausträgt.

Duke University School of Law, 31. Januar 2005

IN DEN SPÄTEN 1960er-Jahren warf die wiedererstarkte, wiederaufkommende Frauenbewegung ein grelles Schlaglicht auf die sich wandelnden Lebensumstände der Frauen. Zwei Faktoren trugen ganz besonders zu dieser deutlich veränderten Atmosphäre bei – das faktische Verschwinden von selbst erzeugten Nahrungsmitteln und der Zugang zu wirksamen Verhütungsmitteln.

American Bar Association Journal, Januar 1977

MAN KANN SICH vorstellen, wie beflügelnd es für mich war, als die Frauenbewegung in den späten 1960er-Jahren aufkam und man plötzlich etwas [gegen die Geschlechterdiskriminierung] unternehmen konnte. Zuvor redete man gegen die Wand.

New York Bar Association, 15. November 2000

MEINE STUDENTEN WÜNSCHTEN sich ein Seminar über Frauen und Recht. Also ging ich in die Bibliothek, und innerhalb eines Monats las ich jede einzelne bundesstaatliche Entscheidung, die jemals über Geschlecht und Gesetz geschrieben wurde, jeden einzelnen Artikel in juristischen Fachzeitschriften. Und das, lassen Sie mich versichern, war überhaupt keine Meisterleistung, denn es gab kaum etwas dazu.

Duke University School of Law, 31. Januar 2005

IM ACLU WOMEN'S Rights Project, das ich Anfang 1972 aus der Taufe zu heben geholfen habe, und in den juristischen Seminaren, die ich zuerst an der Rutgers University und dann an der Columbia Law School gegeben habe, kämpften wir zeitgleich an drei Fronten: Wir versuchten, für mehr gesellschaftliches Verständnis, gesetzgeberische Veränderungen und einen Wandel der juristischen Lehrmeinung zu sorgen.

University of Cape Town in Südafrika, 10. Februar 2006

ALS ICH AN der Rutgers gelehrt habe und mich entscheiden musste, wo ich mich engagieren, für welche Gruppierung ich mich einsetzen möchte, da habe ich mich für das ACLU entschieden, weil es dort nicht um Frauenrechte ging, sondern um Menschenrechte. Männerrechte genauso wie Frauenrechte. Ich nannte es den Kampf für die Gleichstellung von Männern und Frauen vor dem Gesetz. Und etliche Fälle, die wir vor das Oberste Gericht der USA gebracht haben, standen stellvertretend für jene Männer, die allein aufgrund der Tatsache, dass sie Männer waren, benachteiligt wurden.

Charlie Rose, 10. Oktober 2016

THURGOOD MARSHALL[3] UND seine Kollegen waren bemüht, den Obersten Gerichtshof der Vereinigten Staaten Schritt für Schritt über die gefährlichen Folgen der Rassendiskriminierung aufzuklären. Auf ähnliche Weise versuchten es auch die Befürworter der Geschlechtergleichstellung: Fall für Fall führten sie die Ungerechtigkeit von Gesetzen vor Augen, die eine strikte Trennung von Tätigkeiten für Männer bzw. Frauen vorsahen.

Centre for Human Rights, University of Pretoria, Südafrika, 7. Februar 2006

TEIL I

Die Frauenrechtsbewegung

---

3 Thurgood Marshall war der erste afroamerikanische Richter am Supreme Court.

UNSER AUSGANGSPUNKT WAR nicht derselbe
wie der jener Anwälte, die den Supreme Court
beim Kampf gegen die Rassendiskriminierung
um Hilfe anriefen. In den 1960er- und
frühen 1970er-Jahren betrachteten Richter und Gesetzgeber die Ungleichbehandlung von Frauen und Männern nicht als etwas
Schändliches, sondern allenfalls als huldvolles
Wohlwollen den Frauen gegenüber.

University of Cape Town, Südafrika, 10. Februar 2006

BÜRGERRECHTSGESETZE VERBIETEN DISKRIMINIE-
RUNG aufgrund von ethnischer Herkunft oder
Religion, nicht aber wegen des Geschlechts.
Im Civil Rights Acts von 1964 wird das Wort
»Geschlecht« nicht einmal erwähnt – beispiels-
weise im Artikel zu öffentlich zugänglichen
Einrichtungen[4]. Der Kongress mochte zwar
bereit gewesen sein, ein Café nur für Weiße zu
verbieten, aber den Herrenclub zu schließen, so
weit war man noch nicht.

**Zum Verfassungszusatz zur Gleichberechtigung,
Update on Law-Related Education, Frühjahr 1978**

---

4 Darunter fallen u. a. Supermärkte, Freizeiteinrichtungen,
Bildungsstätten, Kundenzentren.

IN GEWISSER WEISE war unsere Mission in den 1970er-Jahren ganz einfach: Das Ziel war klar definiert. Am Status quo gab es nichts zu deuteln. Die Gesetzbücher der Bundesstaaten und des ganzen Landes strotzten nur so vor Ungleichheit, was die Behandlung von Männern und Frauen betraf.

University of Cape Town, Südafrika, 10. Februar 2006

IN DER WIRTSCHAFT galten Frauen bestenfalls als »Taschengeldverdienerinnen«, keinesfalls wurden sie als ernstzunehmende Erwerbstätige angesehen. Was bedeutete, dass eine Frau, sagen wir eine Fabrikarbeiterin, die ihre Familie mit in ihre Krankenversicherung nehmen wollte, abgewiesen wurde. Man sagte ihr: »Nur Männer können das. Frauen können nur sich selbst versichern, nicht ihre Familie.«

Bloomberg, **12. Februar 2015**

Es GAB GESETZE, die genau vorgaben, wie viele Stunden am Tag Frauen höchstens arbeiten durften, oder zu welcher Tageszeit, oder wie hoch der Mindestlohn war. Per Gesetz wurden Frauen von »gefährlichen« oder »unpassenden« Tätigkeiten ausgeschlossen (Juristerei im 19. Jahrhundert, Thekenbedienung im 20. Jahrhundert). Aufgrund gewisser Überbleibsel alter Gesetzesrelikte war es verheirateten Frauen verboten, Land zu besitzen oder zu verwalten, in ihrem eigenen Namen zu klagen oder verklagt zu werden, oder sich von einem Geldinstitut eine Kreditkarte ausstellen zu lassen (zum Schutz vor ihrer eigenen Torheit oder ihrem mangelnden Urteilsvermögen).

All diese Vorschriften basierten auf der Annahme, Frauen kämen alleine nicht zurecht, sondern bräuchten einen »starken Mann« an ihrer Seite.

**University of Chicago Legal Forum Symposium,
Oktober 1988**

DIE PRINCETON UNIVERSITY bot ein vorbildliches Sommerprogramm an, um Schüler umliegender Grundschulen auf spielerische Art und Weise für Mathe und Naturwissenschaften zu begeistern… Anmelden konnten sich 11- und 12-jährige *Jungen*. Mädchen durften nicht teilnehmen, weil sie, wie es hieß, die Jungen vom Lernen abhielten.

Indiana Law Review, 1999

IN EINER GESELLSCHAFT aufzuwachsen, in der praktisch sämtliche einflussreichen Positionen und Machtstellungen von Männern besetzt sind, führt unweigerlich dazu, dass Frauen glauben, sie seien das schwache Geschlecht.

Gemeinsame schriftliche Zusammenfassung und Stellungnahme, *Frontiero v. Richardson,* 12. Januar 1973

EINSTELLUNGEN WERDEN MEIST ganz beiläufig und unterschwellig vermittelt. Folgender Spruch, den jemand in den 1950er-Jahren in einer College-Bibliothek in einen der Tische geritzt hat, zeigt das: »Fleißig lernen, gute Noten bekommen, Abschluss machen, heiraten. Drei Kinder bekommen, sterben und begraben werden.« Aufgrund der ersten Zeile ist das Geschlecht des Schreibenden nicht zu bestimmen. Aufgrund der zweiten Zeile ist das Geschlecht nicht zu verkennen. Um das Problem zu beheben, das viele junge Frauen als so dringlich empfinden, muss das Gesetz endlich aufhören, das Geschlecht eines Menschen als Kürzel für bestimmte Funktionen zu nutzen. Es muss sich mit den Eltern befassen, nicht mit der Mutter. Mit dem Haushaltsführenden, nicht mit der Hausfrau. Mit dem hinterbliebenen Ehepartner, nicht mit der Witwe.

Mündliche Erörterung, *Kahn v. Shevin*,
25. Februar 1974

Wo ... Ehefrau und Ehemann von der Norm abweichen – die Frau ist die Hauptverdienerin, der Ehemann von ihr »abhängig« in dem Sinne, dass die Frau mehr als die Hälfte zum gemeinsamen ehelichen Haushalt beiträgt –, fungieren »wohlmeinende« Gerichtsurteile als ständige Ermahnung, dass diese Lebensweise aus Sicht der überwiegend oder rein männlichen Entscheider nicht der allgemeinen Erwartung entspricht.

Gemeinsame schriftliche Zusammenfassung und Stellungnahme, *Frontiero v. Richardson*, 12. Januar 1973

KLÄGER IM FALL *Hoyt [v. Florida]* war eine
Frau, die beschuldigt wurde, ihren Ehemann
mit einem Baseballschläger erschlagen zu
haben. Es war das Ende eines Streits, bei dem
er sie ihrer Aussage nach bis weit über das
Maß des Erträglichen hinaus beleidigt und
gedemütigt hatte. Von einem rein männlich
besetzten Geschworenengericht des Mordes
mit bedingtem Vorsatz für schuldig befunden
erklärte [Gwendolyn] Hoyt, weibliche Geschworene hätten ihren Geisteszustand und ihre zeit-
weilige Unzurechnungsfähigkeit wohl besser
nachvollziehen können.

**Über Gwendolyn Hoyt und ihren vergeblichen Kampf,
den Geschworenendienst auch für Frauen verpflich-
tend zu machen, *The Supreme Court Review,* 1975**

FRAUEN WAREN NUN einmal der Mittelpunkt des häuslichen Familienlebens. Und davon sollten sie auch nicht abgelenkt werden, indem man sie zum Geschworenendienst aus ihrem trauten Heim abberief. Ziel war es also, dem Gericht verständlich zu machen, dass dieses Schubladendenken Frauen mitnichten bevorzugte, wie Richter Brennan einmal so treffend sagte, und sie nicht etwa auf ein Podest stellte, sondern in einen Käfig sperrte.

Warum Frauen nicht als Geschworene dienen mussten, Georgetown University, 27. April 2017

GESCHWORENE SOLLTEN SICH aus einem repräsentativen Bevölkerungsdurchschnitt zusammensetzen, weshalb die Verpflichtung zum Geschworenendienst allen Bürgern gleichermaßen obliegen muss, ungeachtet ihrer Hautfarbe, ihrer Herkunft oder ihres Geschlechts.

Mündliche Erörterung, *Duren v. Missouri*, 1. November 1978

DIE BEIDEN GESCHLECHTER sind nicht wechselseitig austauschbar.... Durch das Fehlen eines der beiden wird eine Gruppe Geschworener unweigerlich weniger repräsentativ für die Gesellschaft als Ganzes, als würde man beispielsweise eine ökonomische oder ethnische Gruppierung ausschließen.

Zur Verpflichtung von Frauen zum Geschworenendienst, mündliche Erörterung, *Edwards v. Healy*, 16. Oktober 1974

[DIE STRATEGIE SAH vor,] die Richter mit Situationen aus dem wahren Leben zu konfrontieren, um ihnen verständlich zu machen, dass ein System, von dem man einst angenommen hatte, es sei wohlmeinend zum Vorteil der Frau angelegt, diese tatsächlich benachteiligte.

***Washington Post*, 25. Mai 2014**

DIE LEUTE FRAGEN mich immer, war es nicht schwierig, in den frühen 1970er-Jahren vor dem Obersten Gerichtshof einen Fall zu vertreten? Ich sage dann, ich kam mir mehr wie eine Kindergärtnerin vor als alles andere, weil ich Dinge wusste, die sie nicht wussten, und ich versuchen musste, auf eine Art und Weise mit ihnen zu reden, dass sie mir gerne zuhörten.

Georgetown University, 27. April 2017

ICH HATTE EINE großartige Sekretärin an der Columbia Law School, die all meine Schriftsätze abtippte, und sie sagte zu mir: »Ich tippe all Ihre Schriftsätze, und ständig springt mich das Wort ›Sex‹[5] an. Ist Ihnen denn nicht klar, dass man bei diesem Wort nicht zuerst an das denkt, woran die Richter dabei denken sollen? Benutzen Sie lieber ›Geschlecht‹. Das ist ein schöner Begriff aus der Grammatik.
Das verhindert störende Assoziationen.«

**University of Colorado Law School,
19. September 2012**

---

5 Im Englischen kann der Begriff »Sex« sowohl das biologische Geschlecht wie auch den Geschlechtsakt meinen.

RICHTER RENQUIST HAT einmal zu mir gesagt: »Nun, Mrs Ginsburg, Sie wollen sich also nicht mit Susan B. Anthonys … Konterfei auf der neuen Dollar-Münze zufriedengeben.« … Ich wusste nicht, was ich darauf erwidern sollte. Die besten Repliken fallen einem immer im Auto auf dem Weg nach Hause ein. Ich hätte sagen sollen: »Nein, Euer Ehren, Almosen reichen uns nicht.«

Duke University School of Law, 31. Januar 2005

ICH ERINNERE MICH noch an einen meiner Lieblingsfälle, den ich vor einem mit drei Richtern besetzten Bezirksgericht in Trenton, New Jersey, vertrat. Und einer der Richter bemerkte:»Also, ich dachte, Frauen sind im Militärdienst inzwischen gleichberechtigt.« Und ich sagte:»Na ja, noch nicht ganz. Frauen dürfen keine Flugzeuge fliegen.« Worauf der Richter erwiderte:»Ach, kommen Sie mir doch nicht damit. Frauen sind immer schon in die Luft gegangen. Das weiß ich aus eigener Erfahrung mit meiner Frau und meiner Tochter.« Was macht man da? Man lächelt und sagt: »Ja, Euer Ehren, aber ich kenne auch genug Männer, die längst die Bodenhaftung verloren haben«, und macht dann ungerührt weiter. Man darf sich nicht provozieren lassen, sondern diese kleinen Seitenhiebe als Gelegenheit zur Weiterbildung der Vorsitzenden Richter sehen.

**Second US Circuit Judicial Conference,
17. Juni 2000**

In Idaho gab es ein Gesetz, das in *Reed
[v. Reed]* angefochten wurde, und das besagte:
Bei Personen »gleicher Eignung zur Verwal-
tung« eines Nachlasses »sind Männer Frauen
vorzuziehen«. Sally Reed, deren Sohn unter
tragischen Umständen noch im Teenageralter
verstarb, hatte sich als Verwalterin seines
Vermögens einsetzen lassen wollen. Sie klagte
gegen den Entschluss der Gerichte in Idaho,
den Vater des Jungen (ihren geschiedenen
Ehemann) einzusetzen, obwohl er seinen
Antrag erst nach ihrem eingereicht hatte.
Mit seiner einstimmigen Entscheidung, Sally
Reed sei durch das Gesetz in Idaho das Anrecht
auf gleiches Recht vor dem Gesetz verwehrt
worden, schlug das Oberste Gericht ein neues
Kapitel auf.

Vorwort, *Yale Journal of Law & Feminism,* **2002**

DER FALL SALLY Reed war ein Wendepunkt. Es war eine einstimmige Entscheidung, und es war das erste Mal in seiner Geschichte, dass der Oberste Gerichtshof eine Ungleichbehandlung der Geschlechter in der Gesetzgebung als verfassungswidrig eingestuft hat.

Zu *Reed v. Reed*, **Georgetown University Law Center, 7. September 2016**

SÄMTLICHE NACHFOLGENDEN KLÄGER waren wie Sally Reed, in dem Sinne, dass sie ganz gewöhnliche Leute waren. Und was ich ganz großartig fand, war, dass diese ganz gewöhnlichen Leute glaubten, unser Rechtssystem könne die Ungerechtigkeiten wiedergutmachen, die ihnen widerfahren waren. Es gibt viele Länder auf dieser Welt, in denen die Menschen nicht darauf hoffen können, dass die Gerichte ein Gesetz kassieren, weil es ungerecht ist.

Georgetown University Law Center, 7. September 2016

SHARRON FRONTIERO, LIEUTENANT bei der US
Air Force, wollte Wohngeld und Krankenversicherung für ihren Ehemann Joseph beantragen. Leistungen, die verheirateten Soldaten
ganz automatisch zustanden, aber verheirateten Soldatinnen vorenthalten wurden, es sei
denn, sie verdienten Dreiviertel des gemeinsamen ehelichen Einkommens. Die Frontieros
gewannen den Fall. Der Oberste Gerichtshof
befand die staatliche Regelung für ungültig
insofern, als dass sie von weiblichen Angehörigen der Streitkräfte verlangte, die Abhängig-
keit des Ehepartners nachzuweisen.

**Zu *Frontiero v. Richardson,* Cleveland-Marshall College
of Law, 9. November 1979**

MEIN KLIENT, STEPHEN Wiesenfeld, war entschlossen, seinen kleinen Sohn nach dem plötzlichen Tod seiner Frau selbst großzuziehen. Er versuchte, als Betreuer des hinterbliebenen Kindes einer verstorbenen Arbeitnehmerin Sozialversicherungsleistungen zu erhalten, woraufhin man ihm mitteilte, diese könne er nicht einmal beantragen. Das Gesetz sah Sozialleistungen für die Kinder verwitweter Mütter vor, aber nicht für die verwitweter Väter. Das Schubladendenken war unübersehbar: Männer sind die Erwerbstätigen, Frauen kümmern sich zuhause um die Kinder. Es war nicht vorgesehen, dass Menschen sich nicht in diese Form pressen lassen wollten.

Zu *Weinberger v. Wiesenfeld*, in: *Reason and Passion: Justice Brennan's Enduring Influence*, 1. April 1997

IN DEN 1970ER-JAHREN gab es zahllose Fälle, mit denen die Ungleichbehandlung gleich reihenweise abgeschafft wurde. Wie das kam? Nicht meinetwegen. Die Gesellschaft hatte sich verändert. Die Gesellschaft war im Aufbruch, und Gerichte sind reaktive Institutionen. Sie gehen nicht voran, aber unter Umständen können sie den Wandel beschleunigen.

**Association of Corporate Counsel,
14. September 2016**

DER SUPREME COURT hat den Kongress und die bundesstaatlichen Gesetzgeber angewiesen: Überdenkt veraltete Positionen zu diesen Fragestellungen. Solltet ihr dabei zu dem Schluss kommen, dass Frauen eine Sonderbehandlung erfahren müssen, um tiefverwurzelten gesellschaftlichen und wirtschaftlichen Vorurteilen oder Nachteilen zu begegnen, geben wir euch ein bisschen Spielraum, innerhalb dessen ihr euch bewegen könnt. Aber euer Urteil muss Hand und Fuß haben. Es darf nicht auf Vorurteilen basieren, »wie Frauen (oder Männer) nun mal so sind«.

**New York University School of Law,
9. März 1993**

DER BEGRIFF »FRAUENRECHTE« ist etwas
problematisch. Es geht um Menschenrechte.
Es geht um das Recht aller Menschen auf
gleichen Schutz durch das Gesetz.

Annenberg Classroom, Dezember 2006

Die
Rechte der
Frauen

ES MACHT MICH traurig, dass »Feminismus«
in manchen Teilen der Welt als Schimpfwort
gilt. Dabei heißt es nichts weiter, als der Überzeugung zu sein, dass Frauen dieselben Möglichkeiten offenstehen sollten, dass Jungen
und Mädchen dieselben Möglichkeiten haben
sollten, ihr gottgegebenes Talent auszuschöpfen und zu sein, was immer sie sein wollen und
sein können.

University of Chicago Law School, 11. Mai 2013

ICH SCHEUE MICH vor oder misstraue allen
Verallgemeinerungen, wie Frauen oder Männer
nun mal so sind. Meine Lebenserfahrung sagt
mir, das ist kein zuverlässiger Leitfaden zur
Beurteilung einzelner Individuen.

**National Association of Women Judges District
Annual Meeting, 23. September 1984**

ZUMINDEST WAS DIE Juristerei angeht, habe ich bis heute bei keinem der beiden Geschlechter eine angeborene Begabung oder Schwäche feststellen können. Weder früher im Seminarraum oder bei der Benotung von Klausuren, noch heute beim Lesen von Schriftsätzen und bei den Plädoyers vor Gericht habe ich einen verlässlichen Hinweis auf eindeutig männliches oder zweifelsfrei weibliches Denken ausmachen können – geschweige denn darauf, dass ein Schriftsatz aus weiblicher oder männlicher Feder stammt.

Oklahoma Bar Association
Women in the Law Conference, 28. August 1997

DEN BESTEN FÜHRUNGSSTIL in unserer zivili-
sierten, gesitteten Gesellschaft hat nicht das
rücksichtslose Raubein, ein Mann, der anderen
mit Gewalt seinen Willen aufzwingt. Nein,
heutzutage zählen andere Qualitäten, wie
die Fähigkeit, zwischen gegnerischen Seiten
zu vermitteln und junge, weniger erfahrene
Menschen unter seine Fittiche zu nehmen, auf
deren Loyalität man im Gegenzug zählen kann.
Diese Fähigkeiten sind meiner Erfahrung nach
nicht mehr oder minder an eins der beiden
Geschlechter gebunden.

**National Association of Women Judges District Annual
Meeting, 23. September 1984**

Frauen dabei zu helfen voranzukommen sollte in meinen Augen im Interesse aller Frauen liegen.

University of Chicago Law School, 11. Mai 2013

MEINE SORGE IST, dass erfolgreiche Frauen
nicht nur verunsicherte Männer fürchten
müssen, die aus ihrer Verunsicherung heraus
Angst vor Frauen haben, die sich nicht klein-
machen oder den Kopf einziehen, wenn
ein Mann die Stimme erhebt. Meine Sorge
sind auch die Frauen, unter ihnen sogar
Feministinnen, die sich allem Anschein nach
den Angreifern angeschlossen haben und ihre
Schwestern dafür verurteilen, sich angeblich
»männliche« Werte und eine ebensolche Kultur
zu eigen gemacht zu haben.

National Association of Women Judges District Annual
Meeting, 23. September 1984

ICH HABE IMMER gedacht, es gibt doch nichts,
was einem Antifeministen lieber wäre, als
wenn sich alle Frauen in reinen Frauen-
vereinigungen zusammenfänden, in ihrer
eigenen kleinen Nische, wo sie sich gegenseitig
bemitleiden und mit der Männerwelt nichts,
aber auch gar nichts am Hut haben. Will man
wirklich etwas verändern, muss man sich mit
den Leuten umgeben, die die Strippen ziehen.

New York Times, 7. Juli 2009

»ANGEBORENE UNTERSCHIEDE« ZWISCHEN Männern und Frauen… sollten Anlass zur Freude sein, nicht zur Verunglimpfung einzelner Angehöriger beider Geschlechter oder Beschneidung der Möglichkeiten eines Einzelnen. Eine Einteilung nach Geschlechtern mag nützlich sein… um das Talent und die Fähigkeiten der Bürger unseres Landes voll und ganz auszuschöpfen. Nicht jedoch sollte diese Unterteilung dazu benutzt werden, wie es früher einmal war… um Frauen in eine gesetzliche, gesellschaftliche und wirtschaftliche Unterlegenheit zu zwingen oder in einer solchen zu halten.

Stellungnahme des Gerichts, *United States v. Virginia*, 26. Juni 1996

JEDE ART DER Geschlechterdiskriminierung ist ein zweischneidiges Schwert. Man kann sich damit auch ins eigene Fleisch schneiden.

Mündliche Erörterung, *Califano v. Goldfarb*, 5. Oktober 1976

ICH WÜSSTE NICHT von rein männlicher
Diskriminierung. Letzten Endes sind es immer
die Frauen, die darunter leiden.

Mündliche Erörterung, *Califano v. Goldfarb,*
5. Oktober 1976

EINER DER HAUPTGRÜNDE für die Diskriminierung von Frauen in der Arbeitswelt ist
ein überkommener, aber weit verbreiteter
Irrglaube, der jeglicher Grundlage entbehrt,
nämlich, dass Frauen und Kinder zusammen-
gehören, und Männer und Arbeit.

Mündliche Erörterung, *Weinberger v. Wiesenfeld,*
20. Januar 1975

DIE FRAGE ERINNERT an das Huhn-oder-Ei-
Dilemma. Sollten Frauen, die den Haushalt führen, eine »bevorzugte Behandlung«
genießen, bis die Männer gelernt haben, ihren
Teil der Aufgaben zu übernehmen? Oder bringt
die gesetzliche Gleichstellung womöglich
viel eher jene Veränderungen mit sich, die es
braucht, damit jedes Individuum gemäß seiner
oder ihrer eigenen Fähigkeiten beurteilt wird?

»The Status of Women«, *The American Journal
of Comparative Law,* **1. Oktober 1972**

DER KONGRESS KANN nicht einfach davon
ausgehen, dass Männer die Brötchen verdienen
und Frauen finanziell von ihnen abhängig sind.

Mündliche Erörterung, *Weinberger v. Wiesenfeld,*
20. Januar 1975

JE MEHR WIR uns ausschließlich Frauen und
Kinder als natürliche Einheit vorstellen und
die Männer dabei außen vor lassen, desto
schwieriger wird es, befürchte ich, für Frauen,
in sämtlichen Bereichen des Lebens und der
Arbeit vollkommene Gleichberechtigung zu
erlangen.

**National Association of Women Judges District Annual
Meeting, 23. September 1984**

DIE REGIERUNG SOLLTE individuelle Entscheidungen bezüglich der Haushaltsführung
oder der Rollenverteilung bei der Erwerbs-
arbeit nicht zu steuern versuchen, indem sie
das Gewicht des Gesetzes für (oder wider) ein
bestimmtes Modell in die Waagschale wirft.

*The Legal Status of Women under Federal Law: Report
of Columbia Law School Equal Rights Advocacy Project,*
September 1974

STAATLICHE STELLEN, DIE den Zugang zu bestimmten Möglichkeiten kontrollieren, dürfen qualifizierte Individuen nicht auf Grundlage »starrer Vorstellungen bezüglich der Geschlechterrollen von Mann und Frau« ausschließen.

Stellungnahme des Gerichts, *United States v. Virginia*, 26. Juni 1996

WAS ES BRAUCHT, ist ein großes Willkommensschild, einen öffentlichen Aushang, dass in den akademischen Berufen, im Handel und im Handwerk Frauen ebenso gern gesehen sind wie Männer. Hat doch die Vorstellung, sie bedürften einer Sonderbehandlung, bloß weil sie Frauen sind, meiner Ansicht nach mit dazu beigetragen, Frauen bar jeder Chancengleichheit viel zu lange an ihre Sonderstellung zu binden.

Mündliche Erörterung, *Kahn v. Shevin*, 25. Februar 1974

ALS JUNGES MÄDCHEN habe ich nie eine Frau
in einem Symphonieorchester spielen gesehen.
Das änderte sich erst, als schließlich irgend-
jemand auf die geniale Idee kam, zwischen
Bewerbern und Auswahlgremium einen
Vorhang zuzuziehen. Es war wie Hexerei.
Beinahe über Nacht saßen Frauen in allen
Symphonieorchestern. Heute wünsche ich mir,
wir könnten überall Vorhänge zuziehen, aber
ganz so einfach ist es nicht.

**Rathbun Lecture on a Meaningful Life
an der Stanford University, 6. Februar 2017**

MANAGER KÖNNEN, WIE alle anderen Menschen
auch, Opfer unbewusster Vorurteile sein.
Das Risiko für Diskriminierung erhöht sich,
wenn diese Manager ganz überwiegend
demselben Geschlecht angehören und in einer
Unternehmenskultur verwurzelt sind, die
Geschlechterstereotype perpetuiert.

**Zur Diskriminierung am Arbeitsplatz, teils
zustimmende, teils widersprechende Stellungnahme,
Wal-Mart Stores, Inc. v. Dukes, 20. Juni 2011**

Es GAB IN den 1970er-Jahren einen großartigen Fall, vorgebracht von meiner Kollegin an der Columbia, Harriet Graham. Es ging gegen den Telekommunikationskonzern AT&T, und es ging um Positionen für Frauen im mittleren Management. Nun, die diversen Tests bestanden die Frauen mit Bravour. Alle, bis auf den allerletzten. Und der war das persönliche Vier-Augen-Gespräch. Das heißt, ein Interviewer befragte die für eine Beförderung in Frage kommenden Bewerber. Hier versagten die Frauen gleich reihenweise. Warum? Nun, das lag nicht etwa daran, dass der Interviewer sie absichtlich durchfallen ließ. Er fühlte sich bloß wohler mit Menschen wie ihm selbst. Denen konnte er vertrauen. Frauen waren anders. Es muss also darum gehen, jene unterbewussten Vorurteile abzubauen, die es noch immer gibt, auch heute noch, und das ist gar nicht so einfach.

Thomas Jefferson School of Law's Women and the Law Conference, 8. Februar 2013

DIE REALITÄT AM Arbeitsplatz bestätigt meine
Ansicht, dass bei Belästigungen eines direkten
Untergebenen durch einen weisungsbefugten
Angestellten das Unternehmen automatisch in
Haftung genommen werden sollte.

Minderheitsmeinung, *Vance v. Ball State University,*
24. Juni 2013

ERST WENN DIE Ungleichheit zu groß und
offensichtlich wird, z.B. durch die Berech-
nung zukünftiger Gehaltserhöhungen, prozen-
tual auf Basis der derzeitigen Bezahlung,
versteht eine Angestellte in Lilly Ledbetters
Lage den Missstand, und erst dann wird sie
sich auch beklagen. Ihre anfängliche Bereitschaft, ihrem Arbeitgeber einen Vertrauens-
vorschuss zu geben, sollte ihr später nicht zum
Nachteil gereichen und sie daran hindern,
ihre derzeitige und zukünftige, aufgrund ihres
Geschlechts zu niedrige Bezahlung anzu-
fechten.

**Zu Lilly Ledbetters Recht, auch nach der durch
Title VII gesetzten Ablauffrist gegen ungleiche Gehalts-
zahlungen zu klagen, Minderheitsmeinung,**
Ledbetter v. Goodyear Tire & Rubber Co., **29. Mai 2007**

WEDER DER EINSATZ als Bürgersoldat noch die entsprechende Ausbildung hierfür [am Virginia Military Institute] sind grundsätzlich für Frauen ungeeignet. Und die beeindruckende Anzahl herausragender Führungspersönlichkeiten, die dieses College hervorgebracht hat, macht sie auch für manche Frauen attraktiv. Trotzdem hat der Staat Virginia sich entscheiden, die Ausbildung am VMI allein Männern vorzubehalten.

Urteilsbegründung, *United States v. Virginia*,
26. Juni 1996

DIE ÖFFENTLICHE MEINUNG hatte sich weiterent-
wickelt, und die Menschen sahen sehr deutlich,
dass es im Fall [des Virginia Military Institute]
gar nicht ums Militär ging. Und das Gericht
hat auch gar nicht den Wert reiner Jungen-
oder Mädchenschulen in Frage gestellt. Nein,
beim VMI ging es lediglich darum, dass der
Staat mit viel Geld ein College finanzierte,
das Führungspersönlichkeiten für Wirtschaft
und Zivilleben ausbilden sollte und dass diese
einmaligen Chancen allein Männern vorbe-
halten waren.

Zu *United States v. Virginia*, **Wellesley College,
13. November 1998**

IN DEN ZEITEN des ERA[6] zitierte ich Präsident Eisenhower, der einmal sagte: »Ich bin überzeugt, sollte es einen weiteren Krieg geben, dann müssen Frauen genauso eingezogen werden wie Männer.« Nun, ich bin der Ansicht, dass dieses Land, dass die ganze Welt gesehen hat, was für einen wertvollen Beitrag Frauen zu leisten im Stande sind, und wie mutig sie sein können.

Woodrow Wilson International Center for Scholars, 21. Mai 2002

---

6 Das *Equal Rights Amendment* ist ein Verfassungszusatz, der Frauen in den Vereinigten Staaten gleiche Rechte zusichern sollte. Er scheiterte durch die fehlende Ratifizierung aller Bundesstaaten.

DER EINSATZ NEUTRALER, strikt aufgabenbe-
zogener Auswahlkriterien bei militärischen
Missionen sollte gewährleisten, dass keine
Frau (und kein Mann) in Positionen gezwungen
wird, für die sie (oder er) nicht qualifiziert
ist. Andererseits würde es Frauen ermöglichen, im Militär aufzusteigen, so weit es ihr
Talent und ihr Ehrgeiz erlauben, wenn sie
durch ihr Geschlecht nicht von vorneherein für
bestimmte Missionen ausgeschlossen würden.

Zur Verwendung von Geschlechterkriterien im Militär,
The Legal Status of Women under Federal Law: Report
of Columbia Law School Equal Rights Advocacy Project,
September 1974

ICH GLAUBE, MÄNNER und Frauen können gemeinsam Schulter an Schulter daran arbeiten, diese Welt zu verbessern … Und genauso, wie ich nicht glaube, dass Männer das bessere Geschlecht sind, glaube ich auch nicht, dass Frauen es sind. Ich finde es wunderbar, dass wir langsam anfangen, das Potenzial von Menschen jeglicher Provenienz zu nutzen, und dass die Türen nicht mehr wie früher so vielen versperrt bleiben.

Aspen Institute Ideas Festival, 8. Juli 2010

WÄRE ICH KÖNIGIN, mein grundlegender Förderplan bestünde aus drei Punkten. Als Erstes würde ich gleiche Bildungschancen und effektive Ausbildungsmöglichkeiten für Frauen schaffen, damit sie nicht auf einen Mann oder den Staat angewiesen sind. Als Zweites würde ich Männer ermutigen und Anreize dafür schaffen, Freuden, Pflichten, Sorgen, Ängste und manchmal auch Langeweile der Kinderbetreuung vom Kleinkind bis ins Erwachsenenalter gerechter mit den Frauen zu teilen. (Das, muss ich gestehen, ist der schwierigste Teil des Plans, was die konkrete Umsetzung und Durchsetzung angeht.) Als Drittes würde der Plan eine gute Ganztagsbetreuung vom Kleinkindalter an gewährleisten. In meiner idealen Welt wären Kinder nicht Frauensache, sie wären Menschensache.

National Association of Women Judges District Annual Meeting, 23. September 1984

NOCH NIE HABE ich einen bewegenderen Protestmarsch gesehen ... Es war eine sehr beflügelnde Demonstration. Und sie schien sagen zu wollen: »Wir sind das Volk der Vereinigten Staaten, und wir verlangen, von unserer Regierung gehört zu werden. Wir verlangen, dass unsere Regierung Gesetze und Verordnungen erlässt, die allen Bürgern der Vereinigten Staaten zugutekommen.«

**Zum Women's March 2017,
University of Hawaii at Mānoa, 16. Februar 2017**

DIESE ERFAHRUNG, DIE haben Frauen meiner Generation alle gemacht. Wenn eine Frau das Wort ergreift, hört keiner mehr hin. Sie hat ja ohnehin nichts Wichtiges zu sagen. Aber das hat sich heute, glaube ich, geändert.

University of Colorado Law School, 19. September 2012

FÜR MICH WAR es eine unglaublich lohnende
Erfahrung mitanzusehen, wie Menschen eine
bessere Selbstwahrnehmung entwickeln und
die Gesellschaft Frauen wertzuschätzen lernt –
zwar noch nicht ganz so sehr wie [Männer] –,
aber wir sind immerhin auf einem guten Weg.

Georgetown University Law Center, 6. September 1993

DIE MEISTEN MENSCHEN, die in den Vereinigten
Staaten und weltweit in Armut leben, sind
Frauen und Kinder. Die Bezahlung von Frauen
hier und fast überall auf der Welt hinkt der von
Männern mit vergleichbarer Ausbildung und
Berufserfahrung hinterher. Unsere Arbeit lässt
sich oft nur schwer mit den Anforderungen des
Kinderkriegens und Kindererziehens verein-
baren. Und wir sind immer noch auf der Suche
nach wirksamen Methoden, um sexuelle Beläs-
tigung am Arbeitsplatz und häusliche Gewalt
endgültig auszumerzen. Und trotzdem bin
ich optimistisch. Die Anfangsworte unserer
Verfassung: »We, the people« – »Wir, das Volk«
beziehen immer mehr Menschen ein.

New York Times, **1. Oktober 2016**

Im Jahr 1776 ermahnte Abigail Adams ihren Mann John, er solle ja nicht vergessen, die Damen in die Gesetzesbücher des Landes miteinzubeziehen. Heute sind Frauen nicht mehr auf das gute Gedächtnis der Männer angewiesen. In unseren Gerichtssälen, Konferenzräumen und Klassenzimmern sprechen Frauen in immer größerer Zahl für sich selbst und leisten, mit freundlicher Unterstützung männlicher Sympathisanten, ihren Beitrag dazu, diese Welt ein bisschen besser zu machen. Heute vergisst man die Frauen nicht so leicht, denn mittlerweile sind wir überall.

Vierteljahrestreffen der Philadelphia Bar Association, 23. Oktober 2003

Reproduktive Rechte

ANDERE FÄLLE, MIT denen ich zu tun hatte, drehten sich um, wie ich es nenne, das »Schwangerschaftsproblem«. Bis in die frühen 1970er-Jahre war es so: Wenn eine Frau an einer öffentlichen Schule unterrichtete und man ihr irgendwann ansah, dass sie schwanger war, wurde sie, wie man es beschönigend nannte, in »Mutterschaftsurlaub« geschickt. Dieser Urlaub war unbezahlt; die Frau hatte keinen Anspruch auf Rückkehr auf ihre alte Stelle... Und einer der Gründe für dieses Vorgehen lautete: »Wir wollen doch nicht, dass die Kinder denken, ihre Lehrerin hätte eine Wassermelone verschluckt.«

**University of Colorado Law School,
19. September 2012**

WEIL DIE DISKRIMINIERUNG von Schwangeren zwangsläufig auf Geschlechterdiskriminierung hinausläuft, und weil die Diskriminierung von Frauen untrennbar verflochten ist mit den Ansichten und Überzeugungen unserer Gesellschaft, Schwangerschaft und Mutterschaft betreffend, bin ich der Meinung, dass [der vor dem Obersten Gerichtshof im Jahr 1974 verhandelte Fall *Geduldig v. Aiello*] eklatant im Irrtum war, als er erklärte, Diskriminierung aufgrund einer Schwangerschaft sei keine Diskriminierung aufgrund des Geschlechts.

Minderheitsmeinung, *Coleman v. Court of Appeals Maryland*, **20. März 2012**

Ein Unternehmen gewährt seinen Angestellten bei zeitweiliger Arbeitsunfähigkeit Lohnersatzzahlungen für sämtliche Gebrechen, die Männer und Frauen gleichermaßen betreffen, wie beispielsweise Lungenkrebs, Alkoholismus oder Skiunfälle, wie auch für solche, die nur Männer betreffen, wie beispielsweise eine Prostataentfernung. Es gibt nur eine einzige Ausnahme: völlige oder eingeschränkte Arbeitsunfähigkeit wegen Schwangerschaft oder Geburt. Ist das Geschlechterdiskriminierung? Ganz und gar nicht, entschied der Oberste Gerichtshof am 7. Dezember 1976 bei seiner Interpretation des Bundesgesetzes zum Verbot von Diskriminierung am Arbeitsplatz.

> **Zu *General Electric Company v. Gilbert,* wobei das Gericht im Grunde genommen entschied, dass Schwangerschaftsdiskriminierung keine Geschlechterdiskriminierung sei und daher auch nicht unter Title VII falle, *New York Times*, 25. Januar 1977**

WENN ES KEINE Geschlechterdiskriminierung
sein soll, Schwangere von den üblichen freiwilligen betrieblichen Sozialleistungen auszuschließen, ist es dann Geschlechterdiskriminierung, wenn man schwangere Frauen kündigt,
sie nicht wieder einstellt, sie dazu zwingt,
monatelangen unbezahlten Urlaub zu nehmen
oder ihnen sämtliche Vergünstigungen, die
ihnen aufgrund langer Betriebszugehörigkeit
zustehen, abspricht, wenn sie nach Schwangerschaft und Geburt wieder an ihren Arbeitsplatz
zurückkehren?

New York Times, 25. Januar 1977

FRAUEN, DIE WEGEN der Geburt eines Kindes
oder schwangerschaftsbedingten körperlichen
Einschränkungen zeitweise arbeitsunfähig
sind, sollten nicht wie Arbeitskräfte zweiter
Klasse behandelt werden. Arbeitsplatzsicher-
heit, Lohnfortzahlung und Krankenversicherungsschutz sind in dieser Zeit unverzichtbar,
wenn Chancengleichheit auf dem Arbeitsmarkt
für Frauen endlich Realität werden soll.

*The Legal Status of Women under Federal Law: Report
of Columbia Law School Equal Rights Advocacy Project,*
September 1974

NIEMAND IST IN dem Sinne für Abtreibungen,
dass er oder sie Frauen dazu ermutigen
möchte, mehr Abtreibungen vornehmen
zu lassen. Die Frage ist, wenn eine Frau
ungewollt schwanger wird, sollte sie dann frei
entscheiden dürfen?

University of Chicago Law School, 11. Mai 2013

EINER DER GRÜNDE, wenn ich ganz ehrlich bin, weshalb sich nicht mehr für die Wahlfreiheit der Frau einsetzen, liegt darin begründet, dass die jungen Frauen von heute, meine Tochter und Enkeltochter eingeschlossen, in einer Welt aufgewachsen sind, in der sie sich sicher sein konnten, im Falle einer ungewollten Schwangerschaft abtreiben zu können.

Elle, **23. September 2014**

REPRODUKTIVE RECHTE MÜSSEN grundlegend überdacht werden. Eine vermögende Frau wird immer die Wahl haben und in einen anderen Staat zur Abtreibung fahren können. Machen wir uns nichts vor. Wir sprechen also über eine Politik, die ausschließlich arme Frauen betrifft, und ich weiß einfach nicht, wieso das nicht viel häufiger zur Sprache gebracht wird.

New York Times, **7. Juli 2009**

EIN AFROAMERIKANISCHER MANN kommentierte das so: »Wir wissen, was ihr schneeweißen Weiber alle wollt. Ihr wollt schwarze Kinder killen.« So sehen manche Angehörige der African American Community die jetzige Situation. Daher fände ich es hilfreich, wenn Bürgerrechtsgruppen die Folgen fehlender Wahlmöglichkeiten für afroamerikanische Frauen ansprechen würden.

New Republic, 28. September 2014

WENN WIR UNS den schlimmstmöglichen
Ausgang vorstellen, dass nämlich *Roe v. Wade*
gekippt würde, gäbe es immer noch genügend
Staaten, die nicht wieder zur alten Gesetzgebung zurückkehren werden. Was im Umkehr-
schluss bedeutet, für die Frauen, die über genügend Mittel verfügen, um zu verreisen, die sich
einfach in einen Flieger setzen können oder in
einen Zug und in einen anderen Staat fahren,
in dem Abtreibungen legal sind, für diese
Frauen stellt das alles gar kein Problem dar.
Da ist es dann ganz gleich, was der Kongress
oder der Gesetzgeber beschließt, es gibt immer
noch genug andere Staaten, die Frauen eine
Abtreibung ermöglichen. Wer es sich finanziell leisten kann, kann dies tun. Frauen, die
sich das alles nicht leisten können, sind die
Einzigen, die davon betroffen wären.

New Republic, 28. September 2014

ROE V. WADE, das möchte ich in aller Deutlichkeit sagen, war vollkommen richtig, was das Ergebnis anging. Die Gesetzgebung in Texas war die krasseste im ganzen Land. Frauen konnten dort nur dann abtreiben, wenn es die allerletzte Möglichkeit war, ihnen das Leben zu retten. Ob Schwangerschaft oder Geburt ein gesundheitliches Risiko darstellten oder ob die Empfängnis das Ergebnis von Vergewaltigung oder Inzest war – das alles spielte überhaupt keine Rolle. Das Gericht hätte über den vorliegenden Fall entscheiden können, wie Gerichte es gemeinhin tun. Es hätte zu dem Schluss kommen können, dass dieses Gesetz, dieses texanische Gesetz, verfassungswidrig ist... Es gab gar keinen Grund, jedes einzelne Abtreibungsgesetz in diesem Land, selbst das liberalste, für verfassungswidrig zu erklären.

National Constitution Center, 6. September 2013

WAS IST DAS doch für ein wunderbares
Ordnungsinstrument. Ein Name, ein Symbol:
Roe v. Wade. Das kann man sich zur Zielscheibe
nehmen. Diese Entscheidung wurde nicht in
einem geordneten demokratischen Prozess
getroffen, sondern von diesen neun unge-
wählten Männern.

**Zur Frage, warum *Roe v. Wade* derart vehemen-
ten Protest ausgelöst hat, University of Chicago Law
School, 11. Mai 2013**

MAN SCHAUT SICH die Urteilsbegründung zu
Roe an, und nie steht die Frau allein für sich.
Immer geht es um die Frau in Rücksprache
mit ihrem Arzt. Das Bild, das sich mir von
dieser Entscheidung eingeprägt hat, war das
eines übergroßen Arztes und einer zwergen-
haft kleinen Frau, die seines Rats und seiner
Fürsorge bedurfte. Es ging nicht um die Frau.
Es ging um den Arzt.

University of Chicago Law School, 11. Mai 2013

DIE ENTSCHEIDUNG FÜR eine Abtreibung ist nicht unbedingt eine private. Es geht um das Selbstbestimmungsrecht der Frau; um das Recht, über ihr eigenes Leben zu bestimmen. Davon merkt man bei *Roe* nichts.

University of Chicago Law School, 11. Mai 2013

DER PARTIAL-BIRTH ABORTION Ban Act[7] und die Verteidigung desselben durch das Gericht können nur verstanden werden als ein weiterer Versuch, das wieder und wieder von diesem Gericht erklärte Recht auf Abtreibungen zu unterminieren. Und das bei zunehmendem Verständnis dafür, von welch zentraler Bedeutung dieses Thema für Frauen ist.

Von der Mehrheitsmeinung abweichende Stellungnahme, *Gonzales v. Carhart*, 18. April 2007

---

7   Das Verbot einer bestimmten Methode des Schwangerschaftsabbruchs, von Abtreibungsgegnern zur Abschreckung »Teilgeburtsabtreibung« bezeichnet.

DIE LÖSUNG, DIE dieses Gericht billigt, ist
nicht, Ärzte dazu zu verpflichten, Frauen ange-
messen über die verschiedenen zur Auswahl
stehenden [Abtreibungs-] Methoden und die
damit verbundenen Risiken aufzuklären. Stattdessen schirmt das Gericht Frauen ab, indem
es ihnen keine Wahl lässt – diese überhebliche
Art, Frauen vor aller Unbill schützen zu wollen,
erinnert frappierend an überkommene Vorstellungen von der Stellung der Frau in der Gesellschaft und unter der Verfassung. Ansichten, die
inzwischen längst widerlegt worden sind.

**Von der Mehrheitsmeinung abweichende Stellung-
nahme, *Gonzales v. Carhart*, 18. April 2007**

STETS HABEN WIR darauf gepocht, dass Gesetze
zur Abtreibungsregelung in sämtlichen Stadien
der Schwangerschaft und in allen erdenk-
lichen Fällen nicht nur die Frau – ihr Leben –
schützen, sondern auch ihre Gesundheit.

**Von der Mehrheitsmeinung abweichende Stellung-
nahme, *Gonzales v. Carhart*, 18. April 2007**

DAS IN TEXAS erlassene Gesetz mit dem Titel H.B.2[8] wird unweigerlich zur Folge haben, dass die Anzahl der Kliniken und Ärzte, die Abtreibungen vornehmen dürfen, zurückgehen wird. Der Staat Texas argumentiert, dass die in H.B.2 vorgesehenen Einschränkungen verfassungskonform sind, weil sie vorgeblich die Gesundheit jener Frauen schützen, die nach einer Abtreibung Komplikationen erleiden. Tatsächlich sind »Komplikationen nach einer Abtreibung extrem selten und extrem selten gefährlich«.

Dem Ergebnis zustimmende Minderheitsmeinung,
***Whole Woman's Health v. Hellerstedt*, 27. Juni 2016**

---

8 Das 2013 erlassene Texas House Bill 2 sieht rigorose Auflagen für Abtreibungen vor.

WENN EIN STAAT den Zugang zu sicheren und legalen Eingriffen erheblich einschränkt, könnten sich Frauen in verzweifelten Umständen womöglich, aus Mangel an anderen Möglichkeiten, an nicht zugelassene Hinterhof-Engelmacher wenden, und das unter erheblichen Risiken für ihre Gesundheit und Sicherheit... Solange dieses Gericht sich an *Roe v. Wade* und *Planend Parenthood of Southeastern Pa. V. Casey* hält,... können derart zielgerichtete Abtreibungsregulierungsversuche wie H. B. 2, die »wenig bis gar nichts für die Frauengesundheit tun, sondern vielmehr gezielt Falschinformationen über Abtreibungen streuen«,... einer gerichtlichen Überprüfung nicht standhalten.

Dem Ergebnis zustimmende Minderheitsmeinung,
***Whole Woman's Health v. Hellerstedt**, 27. Juni 2016*

DIE AUSNAHME, DIE die Firmen Hobby Lobby sowie Conestoga für sich in Anspruch nehmen wollten, würde wichtige Interessen der Angestellten dieser Unternehmen und ihrer mitversicherten Angehörigen faktisch aushebeln. Heerscharen von Frauen, die nicht dieselben Ansichten vertreten wie ihre Arbeitgeber, würde der Zugang zur Kostenerstattung für Empfängnisverhütung verwehrt, den der ACA [Affordable Care Act] ihnen sonst garantiert.

Zur Entscheidung des Obersten Gerichtshofs, Unternehmen zu gestatten, aus religiösen Gründen Empfängnisverhütung aus der Krankenversicherung auszuschließen, Minderheitsmeinung, *Burwell v. Hobby Lobby Stores, Inc.*, 30. Juni 2014

STAATLICHE REGELUNGEN, DIE »den Zweck oder zur Folge haben, dass Frauen, die einen nicht lebensfähigen Fötus abtreiben lassen wollen, erhebliche Hindernisse in den Weg gelegt werden«, sind verfassungswidrig.

Ein solches Hindernis wäre es, wenn der Staat Frauen daran hindert, sich für jene Methode zu entscheiden, die laut ihres Arztes diejenige ist, die »seiner Ansicht nach die Frau bei [der] Ausübung [ihrer] konstitutionell zugesicherten Freiheit am besten schützt« ... Wie Gerichtspräsident Posner es einmal formulierte: »Wenn eine Regelung ein durch die Verfassung zugesichertes Grundrecht beschneidet und nichts anderes dafür spricht, als dass der Gesetzgeber sie als Vehikel nutzt, um sein Missfallen diesem Grundrecht gegenüber auszudrücken, dann ist diese Beschneidung unzulässig.«

Im Ergebnis zustimmende Minderheitsmeinung,
Stenberg v. Carhart, **28. Juni 2000**

DIE AUFLAGE VERPFLICHTET Hobby Lobby oder Conestoga nicht dazu, Empfängnisverhütungsmittel, die ihnen anstößig erscheinen, zu erwerben oder bereitzustellen. Vielmehr sind die Unternehmen, die diesen Auflagen unterliegen, dazu angehalten, Geld in einen allgemeinen Fonds einzuzahlen, aus dem im Rahmen der umfassenden Krankenversicherung des Arbeitgebers diverse Sozialleistungen finanziert werden. Diese Leistungen müssen, um ACA-konform zu sein,… Empfängnisverhütung miteinschließen, und zwar ohne Kostenbeteiligung, genauso, wie sie eine ganze Reihe an Vorsorgemaßnahmen abdecken.

Zur Entscheidung des Obersten Gerichtshofs, Unternehmen zu gestatten, aus religiösen Gründen Empfängnisverhütung aus der Krankenversicherung auszuschließen, Minderheitsmeinung, *Burwell v. Hobby Lobby Stores, Inc.*, 30. Juni 2014

Teil II

DAS GESETZ

Gesetz
und
Verfassung

ICH SEHE MICH selbst als »Originalistin«[9], allerdings grenze ich mich ganz klar von anderen »Originalisten« ab, die vielleicht sagen würden: »Richter haben nicht die Macht, Gesetze zu erlassen. Das obliegt der Legislative. Und damit Richter nicht ihre eigenen Glaubenssätze, Ansichten und Überzeugungen in Verfassungstexte hineinlesen, sind diese unbedingt wortwörtlich auszulegen. Man muss sich deshalb zurückversetzen in die Zeit vor mehr als zwei Jahrhunderten und zu erahnen versuchen, wie die Gründerväter entschieden hätten.« Ich sage dazu: »Genau das tue ich, aber ich versetze diese Männer – und es waren ausschließlich Männer, die unsere Verfassung geschrieben haben – in die heutige Zeit.« Und ich weiß, dass Thomas Jefferson, dem Gleichberechtigung über alles ging, obwohl er selbst Sklavenhalter war, laut Beifall klatschen würde, wenn er sähe, wie das Ideal der Gleichstellung im Laufe der Jahrzehnte immer weitere Kreise gezogen hat.

The Aaron Harber Show

---

9 Vertreterin der textgetreuen Auslegung der amerikanischen Verfassung

DIE GRÜNDERVÄTER GLAUBTEN an die Natur-
rechte. Ihrer Auffassung nach waren die
Menschenrechte älter als Staaten (oder Nati-
onen). Sie entstammten einer höheren Gewalt.
Sie konnten nicht von einer Regierung
verliehen werden. Vielmehr sahen sie es als
Aufgabe der Regierung, dafür zu sorgen, dass
niemand auf ihnen herumtrampelt.

University of Arkansas at Little Rock
School of Law, Februar 1990

DIE AMERIKANISCHE VERFASSUNG war wirklich
bemerkenswert. Wendete sie sich doch offen
gegen die patriarchale Macht der Könige und
besagte, das Glück der Bürger der Vereinigten
Staaten solle nicht von ihrer Geburt abhängen.
Derlei Vorstellungen bergen ein ungeheures
Potenzial.

American Enterprise Institute, 19. April 1990

WAS GENAU DIE Verfassungsväter im Sinn hatten, muss von zwei Seiten betrachtet werden. Zum einen, was sie damit wohl unmittelbar für ihre Gegenwart beabsichtigten, und zum anderen die viel weitgreifendere Vorstellung, die Verfassung möge, nicht nur für den flüchtigen Moment, sondern auch in ferner Zukunft ihre Geltung bewahren.

Anhörung während des Bestätigungsverfahrens vor dem Justizausschuss des Senats, Juli 1993

SÄSSE ICH IN der Ratifizierungskommission einer unserer Bundesstaaten, würde ich beantragen, den Grundsatz der Unabhängigkeitserklärung, dass allen Menschen gleichermaßen grundlegende Menschenrechte zustehen, in die Bill of Rights einzubinden. Diese Zusicherung, der Gleichheitsgrundsatz, ist ein unverzichtbarer Bestandteil der Unabhängigkeitserklärung, und doch fehlt sie in der Verfassung von 1787 und in der Bill of Rights.

American Enterprise Institute, 19. April 1990

WAS IM ABSTRAKTEN verfassungskonform
erscheint, mag sich im Kontext der wirklichen
Welt, der Gegenwart, unvermutet als verfassungswidrig entpuppen – ein Kontext, den
sich die Gesetzgeber, die dieses Gesetz verabschiedet haben, wenn überhaupt, nur sehr vage
und verschwommen vorzustellen vermochten.

Paul M. Hebert Law Center, 24. Oktober 1996

GESETZE DIENEN DER Regelung des gesellschaftlichen Zusammenlebens. Gesetze dienen der
Allgemeinheit. Die gemeinschaftlichen Erfah-
rungen einer Gesellschaft spiegeln sich auch
immer in ihren Gesetzen wider. Folgt das
Gesetz nun aber einer trockenen, nüchternen
Logik und hat nichts mit der Lebenswirklich-
keit der Menschen gemein, ist das System
unweigerlich zum Scheitern verurteilt.

92 nd Street Y, 26. September 2017

AN KEINER STELLE erwähnt die Verfassung
das Wort »Sklaverei«, dabei war sie damals
ein brennendes Problem. Die ursprüngliche
Verfassung weist dahingehend zweifellos Unzulänglichkeiten auf. Eine findet sich gleich im
ersten Artikel, welcher den Sklavenhandel
bis ins Jahr 1808 hinein weiter gestattet.
Der ursprüngliche Verfassungstext sieht
keinen Gleichheitsgrundsatz vor, weil damals
Menschen von anderen Menschen in Ketten
gehalten wurden. Dieser Makel wurde erst
nach dem Bürgerkrieg ausgemerzt.

Annenberg Classroom, Dezember 2006

WENN SIE HEUTE eine Verfassung schreiben
müssten, würden Sie dann auf ein Modell
aus dem 18. Jahrhundert zurückgreifen, oder
würden Sie sich nach jüngeren Verfassungen
umschauen?

Yale Law School, 2013

DIE VERFASSUNG DER Vereinigten Staaten
ist beinahe 220 Jahre alt und enthält
keine ausdrücklichen Vorkehrungen gegen
Geschlechterdiskriminierung. Die Rechtsprechung zur Gleichstellung in den Vereinigten
Staaten beruht allein auf der Auslegung jenes
knappen Gebots, dass staatliche Stellen keinem
Menschen »gleichen Schutz durch das Gesetz«
verwehren dürfen. Diese Worte, 1868 zur
Verfassung der Vereinigten Staaten hinzuge-
fügt, wurden einmal sehr eng ausgelegt, haben
aber im Laufe der Jahre immens an Bedeu-
tungsumfang hinzugewonnen.

University of Cape Town, Südafrika, 10. Februar 2006

JEDE MODERNE ERKLÄRUNG der Menschenrechte enthält einen Passus zur Gleichheit von
Männern und Frauen vor dem Gesetz. Unsere
Verfassung nicht. Zum Wohl meiner Tochter
und meiner Enkelin und aller nachfolgenden
Töchter, sähe ich dieses Statut gerne als grund-
legenden Bestandteil unserer Verfassung fest-
geschrieben.

**Anhörung während des Bestätigungsverfahrens vor
dem Justizausschuss des Senats, Juli 1993**

DIE ANNAHME DES Verfassungszusatzes zur Gleichstellung würde die Grauzone, in der sich das Gericht bewegt, beseitigen. Es würde zudem eine historische Unzulänglichkeit beheben – dass die Verfassungsgeber des 18. und 19. Jahrhunderts sich nämlich schlichtweg nicht mit Geschlechterdiskriminierung befasst haben. Es würde unsere Verfassung um ein Prinzip erweitern, unter dem die Rechtsprechung eine einheitliche Auffassung entwickeln könnte, an der es bislang fehlt. Darüber hinaus würde es der Schwerfälligkeit der Legislative ein Ende setzen, die gesellschaftlichen Wandel dadurch hemmt, dass sie längst überkommene, diskriminierende Gesetze nicht aus ihren Büchern streicht.

American Bar Association Journal, Januar 1977

THEORETISCH KÖNNTE DIE Aufgabe [gleiches Recht für Männer und Frauen] auch ohne den Verfassungszusatz zur Gleichstellung bewerkstelligt werden. Doch beim Blick in die Geschichte drängt sich die Befürchtung auf, ohne die treibende Kraft des Gleichstellungsgrundsatzes könnte diese dringende Aufgabe womöglich weiterhin auf gesetzgeberischer Sparflamme köcheln.

Zum Gleichstellungsgrundsatz, *Update on Law-Related Education*, Frühjahr 1978

JEDE ERKLÄRUNG DER Menschenrechte, die in große, allgemeine Worte gefasst ist, kann gezielten Hetzkampagnen zum Opfer fallen. Genau das geschieht gerade mit dem *Equal Rights Amendment*, dem vorgeschlagenen Verfassungszusatz zur Gleichstellung. Der Gleichstellungsgrundsatz ist nicht vergleichbar mit dem Verfassungszusatz, der besagt, dass man ab achtzehn wählen darf. Dort steht ganz klar achtzehn, nicht siebzehn. Wenn im *Equal Rights Amendment* steht: »Die Gleichheit vor dem Gesetz darf weder von den Vereinigten Staaten noch von einem Bundesstaat aufgrund des Geschlechtes verwehrt oder beschnitten werden«, dann lässt sich die Bedeutung dessen verzerren und verfälschen.

Women of Wisdom, 1981

DER VORGESCHLAGENE VERFASSUNGSZUSATZ zur Gleichstellung ist kein Allheilmittel. Es braucht Menschen, die dafür sorgen, dass dieses Recht auch umgesetzt wird, damit es Wirklichkeit wird und kein zahnloser Papiertiger bleibt.

Yale Law School, 2013

GEMESSENEN SCHRITTES ERSCHEINT
mir im Allgemeinen die angemessene Gangart,
sowohl was Verfassungsänderungen als auch
was die Rechtsprechung angeht. Hastig neu
geschaffene Rechtsauslegungen sind, wie die
Erfahrung lehrt, oft wenig belastbar.

New York University School of Law, 9. März 1993

WOVON ICH GLAUBE, dass es Bestand haben
wird? »Der Kongress darf kein Gesetz erlassen,
das die Rede- oder Pressefreiheit einschränkt.«
Das Recht auf freie Meinungsäußerung ohne
Angst vor einer alles überwachenden Big-
Brother-Regierung, die einem auf die Finger
klopft und ihren Bürgern vorschreibt, wie und
was sie zu denken, sprechen und schreiben
haben – das ist ungemein wichtig.

**Rathbun Lecture on a Meaningful Life
an der Stanford University, 6. Februar 2017**

DER 2. ZUSATZARTIKEL zur Verfassung[10] ist
überholt in dem Sinne, als dass sein Sinn und
Zweck nicht mehr gegeben sind. Und wenn Sie
mich fragen, hätte das Gericht den 2. Zusatzartikel richtig ausgelegt, dann hätte es gesagt:
»Dieser Zusatzartikel war einmal immens
wichtig, damals, als unsere Nation noch jung
war. Er garantierte ihren Bürgern das Recht,
Waffen zu besitzen und zu tragen, allerdings
nur zu einem einzigen Zweck, und zwar, um
eine bewaffnete Miliz aufstellen zu können, die
in der Lage ist, ihre Nation zu verteidigen.«

The Takeaway, 15. September 2013

DIE TODESSTRAFE KANN man nicht vorurteils-
frei und gerecht verhängen. Genau da liegt das
Problem. Wer wird mit dem Tode bestraft?
Es ist wie Russisches Roulette, und so darf kein
Rechtssystem funktionieren.

Smithsonian Associates, 12. Februar 2015

---

10 Das Recht auf Besitz und Tragen von Waffen

DIE VOLLSTRECKUNG DER Todesstrafe ist immer, immer, immer weiter zurückgegangen, sodass es meines Wissens nur noch drei Bundesstaaten gibt, die die Todesstrafe überhaupt noch vollstrecken. Nicht einmal ganze Staaten, sondern nur bestimmte Bezirke innerhalb dieser Staaten. Das kann vom jeweiligen Bezirksstaatsanwalt abhängen. Womöglich erleben wir also gerade das Ende der Todesstrafe durch unmerkliches, allmähliches Ausschleichen, da sie immer seltener und seltener vollstreckt wird.

Washington Counsel of Lawyers Summer Pro Bono and Public Interest Forum, 24. Juli 2017

ICH WÜRDE GERNE einiges ändern, darunter auch das Wahlmännersystem. Aber dazu bräuchte es eine Verfassungsänderung, und das ist … schwierig bis unmöglich.

Rathbun Lecture on a Meaningful Life an der Stanford University, 6. Februar 2017

DAS RECHTSSYSTEM DER Vereinigten Staaten wird ärmer, wie ich schon so oft angemahnt habe, wenn wir nicht lernen, mit anderen Rechtssystemen mit ähnlichen Wertvorstellungen und dem klaren Bekenntnis zu einer Demokratie ähnlich unserer eigenen in regen Austausch zu treten.

International Academy of Comparative Law, American University, 30. Juli 2010

ICH GLAUBE, UNSER System ist bemerkenswert gerade wegen seiner Transparenz. Wir geben nicht vor, das Gesetz sei stets unstrittig und eindeutig. Oft können beide Seiten gute Argumente dafür vorbringen, was Recht und Gesetz eigentlich besagen.

Duke University School of Law, 21. Juli 2017

Anwälte
und
Richter

MEINE ERSTE BEGEGNUNG [mit dem Rechtswesen] war als College-Studentin zur Zeit von Senator Joe McCarthy aus Wisconsin. Eine beispiellose »Rote Angst« grassierte in diesem Land, und Senator McCarthy sah an jeder Ecke Kommunisten. Er ließ Menschen vor den Untersuchungsausschuss des Senats [und] das »Komitee für unamerikanische Umtriebe« des Repräsentantenhauses zerren und verhören, weil sie sich in den 1930er-Jahren, zur Zeit der Weltwirtschaftkrise, gewissen Organisationen angeschlossen hatten ... Einer meiner Professoren für Verfassungsrecht machte mich auf die Anwälte aufmerksam, die sich für die Betroffenen einsetzten. Sie forderten vor unserem Kongress unser aller Grundrecht ein, unseren Überzeugungen entsprechend denken, sprechen und schreiben zu dürfen, ohne dass der Staat uns überwacht und uns die einzig richtige Denk-, Sprech- und Schreibweise vorgibt. Darüber hinaus haben wir auch noch den 5. Zusatzartikel der Verfassung, der unsere Bürger vor Selbstbelastung schützt. Eine ziemlich gewiefte Idee, wie ich fand – als Anwalt seinen Lebensunterhalt zu verdienen und gleichzeitig im Dienst der Allgemeinheit etwas Gutes zu tun für die Gesellschaft, in der wir leben.

Duke University School of Law, 21. Juli 2017

Meist liegt es nicht an der politischen Überzeugung, weswegen Anwälte sich nicht dafür einsetzen, dass Risse in der Gesellschaft gekittet werden – sei es in ihrer Stadt, ihrem Land oder der ganzen Welt; weshalb sie das Leben der Armen, der Vergessenen, der Benachteiligten, die einer diskriminierten oder ungeliebten Minderheit angehören, aus den Augen verlieren. Der wahre Grund dafür ist eher Gleichgültigkeit, Egoismus oder Angst vor Überarbeitung. Hindernisse, die sich nicht so leicht überwinden lassen. Doch ein Anwalt, der sich selbst nicht bloß als Tagelöhner sieht, sondern als Mitglied eines ehrenwerten, gelehrten Berufsstandes, wird keine Mühen scheuen, um gegen die Müdigkeit anzukämpfen. Er hat keine Angst vor der Arbeit, die sich auf dem Schreibtisch stapelt, und dass der Tag nie genug Stunden hat. Denn der Lohn, den er erntet, ist reich.

American Bar Association Initiative, 2. Mai 2006

DAS GESCHICK EINES Anwalts besteht nicht
darin, den ganzen Mistkübel vor dem Richter
auszuleeren, sondern sich auf jene Argumente
zu beschränken, mit denen der Richter etwas
anfangen kann.

Law Prose Interview, 2015

WILL MAN ANWALT werden und einfach nur
seinen Beruf ausüben, gut, dann verfügt man
über gewisse handwerkliche Fertigkeiten. Man
ist so was wie ein Klempner zum Beispiel. Will
man in seinem Beruf aber wirkliche Erfüllung
finden, wird man etwas über sich selbst hinaus
tun wollen, etwas, das Wunden heilt, etwas, das
den Menschen, die nicht so viel Glück hatten
wie man selbst, das Leben ein wenig erträg-
licher macht.

**Rathbun Lecture on a Meaningful Life an der Stanford
University, 6. Februar 2017**

IN LETZTER ZEIT liest man immer wieder von Studien, die besagen, was für ein unglücklicher, überarbeiteter Berufsstand wir Juristen doch angeblich sind. Aber das gute Gefühl tiefer Zufriedenheit, das aus dem täglichen Dienst an der Allgemeinheit erwächst, könnte womöglich der Schlüssel zum eisernen Käfig der modernen Juristerei sein, in dem sich allzu viele Anwälte heutzutage gefangen sehen.

Brooklyn Law School, 16. November 2000

MEINE UNERSCHÜTTERLICHE ZUVERSICHT spiegelt sich in einem Gebot aus dem Buch Deuteronomium, das in hebräischen Lettern auf etlichen Kunstwerken in meinem Büro zu lesen ist: »Zedek, Zedek, tirdof« – »Gerechtigkeit, Gerechtigkeit, ihr sollt du nachjagen.« Diese Worte sind eine immerwährende Ermahnung, was Richter zu tun haben.

Feierlichkeiten der Tauro Synagoge zum 350. Jahrestag der ersten Juden in Nordamerika, 22. August 2004

EIN RICHTER MUSS jeden Fall gerecht
entscheiden, in Übereinstimmung mit den
relevanten Fakten und den entsprechenden
Gesetzen. Der Tag, an dem ein Richter versucht
ist, sich davon leiten zu lassen, was »die Leute
wollen«, ist der Tag, an dem dieser Richter sein
Amt niederlegen und sich einen anderen Job
suchen sollte.

**Antworten auf den Fragenkatalog zum
Bestätigungsverfahren vor dem Justizausschuss
des Senats, Juli 1993**

Ein Richter sollte nicht auf das gerade herrschende Wetter schauen, sondern auf das Klima seiner Zeit.

Anhörung während des Bestätigungsverfahrens vor dem Justizausschuss des Senats, Juli 1993

KRITIK AN GERICHTEN, genau wie Kritik an anderen Regierungsbehörden, sollte nicht einfach von der Hand gewiesen werden. Vielmehr sollte man sie dankend annehmen und wohlwollend prüfen. Für Richter, die auf Lebenszeit berufen werden, ist konstruktive Kritik von ganz besonderer Wichtigkeit. Sie trägt dazu bei, auf dem Richterstuhl nicht abzuheben, sondern mit beiden Beinen auf dem Boden zu bleiben und sich Demut und Selbstzweifel zu bewahren.

Antworten auf den Fragenkatalog zum Bestätigungsverfahren vor dem Justizausschuss des Senats, Juli 1993

RICHTER SOLLTEN SICH ihrer Stellung in unserer Verfassungsordnung bewusst sein. Sie sollten sich stets vergegenwärtigen, dass wir in einer Demokratie leben, die droht, zersetzt zu werden, wenn Richter sich als platonische Wächter aufspielen.

Anhörung während des Bestätigungsverfahrens vor dem Justizausschuss des Senats, Juli 1993

DARUM HABEN WIR das Gesetz. Darum haben wir das *Stare-Decisis*-Prinzip, das die Bindung an Präzedenzfälle vorsieht. Es verhindert, dass Richter ihre eigenen moralischen Maßstäbe anlegen; dass sie sich zu Königen oder Königinnen krönen.

Anhörung während des Bestätigungsverfahrens vor dem Justizausschuss des Senats, Juli 1993

ERLAUBEN SIE MIR, einen großen Richter des Appellationsgerichts [des Second Circuit] zu zitieren, Learned Hand, der in seinen Anmerkungen zu [Benjamin] Cardozo beschrieb, was einen guten Richter ausmacht. Und zwar ist das jemand, der nicht versucht, das Spiel zu gewinnen, indem er die Schachfiguren des Gegners vom Brett fegt. Er sagte über Cardozo, manchmal habe dieser die Gegenseite besser vertreten als deren eigener Anwalt. Ein ehrlicher Anklagepunkt – ich glaube, das ist das Wichtigste, was man von einem Richter, ganz gleich, auf welcher Ebene, verlangen kann. Nicht zu verhehlen, was wirklich auf dem Spiel steht, und das, was für die Gegenseite zählt, weder zu ignorieren noch zu verzerren.

Second US Circuit Judicial Conference, 17. Juni 2000

DIE TÜCHTIGE RICHTERIN … ist bestrebt zu über-
zeugen, nicht hochtrabend daherzureden. Sie
spricht mit »gemäßigter, gemessener« Stimme
und versteigt sich nicht etwa in Schmähreden
gegen, sondern führt einen Dialog mit anderen,
gleichberechtigten Regierungsbehörden, staatlichen Stellen und ihren eigenen Kollegen.

New York University School of Law, 9. März 1993

DIE STREITPUNKTE, DIE vor den Obersten
Gerichtshof als letzte juristische Anlaufstelle
getragen werden, betreffen Leben und Wohl-
ergehen unseres Landes und seiner Bürger.
Sie haben Auswirkungen auf den Erhalt der
Freiheit, für uns selbst und unsere Nachwelt.
Diesem Gericht zu dienen ist die höchste Ehre,
das unbeschreiblichste Vertrauen, was man
in einen Richter setzen kann. Das Handwerk,
das ich gelernt habe, kann ich einsetzen, um
damit sowohl die Ordnung als auch die Freiheit unserer Gesellschaft zu bewahren.

**Anhörung während des Bestätigungsverfahrens vor
dem Justizausschuss des Senats, Juli 1993**

Der

Oberste

Gerichtshof

WIR ALLE SIND uns dessen bewusst, dass die Institution, der wir dienen, weitaus wichtiger ist als die einzelnen Mitglieder, aus denen sie sich zusammensetzt. Und unsere Arbeit ist aus meiner Sicht die beste Aufgabe, die man als Jurist nur haben kann. Unser Auftrag ist es, der Gerechtigkeit Geltung zu verschaffen, so gut wir nur können.

New England Law, 13. März 2009

DAS SEHEN WIR als unsere Hauptaufgabe an: die Gesetzgebung der Vereinigten Staaten mehr oder minder einheitlich zu erhalten.

Rathbun Lecture on a Meaningful Life an der Stanford University, 6. Februar 2017

WENN ALLE ÜBEREINSTIMMEND zu einem gemeinsamen Ergebnis kommen, wenn alle Gerichte
miteinander übereinstimmen, brauchen wir
nicht einzugreifen. Aber wenn erfahrene
Richterkollegen unterschiedlicher Auffassung
darüber sind, wie die richtige Antwort lautet,
dann greifen wir ein, damit es nicht ein Gesetz
an der Westküste gibt und eins in den Staaten
des Mittleren Westens.

Northern Virginia Technology Council,
17. Dezember 2013

OBERSTE RICHTER SIND nicht die letzte Instanz,
weil wir unfehlbar sind, sondern wir sind
unfehlbar, weil wir die letzte Instanz sind.

Über den Präsidenten des Obersten Gerichtshofs,
William Renquist, 22. Oktober 1995

ANDERS ALS DIE politischen Arme der Regierung ist der Oberste Gerichtshof eine rein reaktive Einrichtung. Wie ein Berufungsrichter einmal so schön sagte, Bundesrichter legen keine Flächenbrände. Sie tun nur alles in ihrer Macht Stehende, um sie zu löschen.

Rathbun Lecture on a Meaningful Life an der Stanford University, 6. Februar 2017

ICH GLAUBE, WÜRDE man heute eine Umfrage machen, welche der drei Gewalten nach Ansicht der Bürger die beste Arbeit leistet, wir lägen meilenweit vor dem Kongress, dem die Gesetzgebung obliegt.

Duke University School of Law, 21. Juli 2017

WAS IST JURISTISCHER Aktivismus? Nun,
gemessen am Willen, die Gesetze der Legislative abzuschmettern, bin ich gegenwärtig
wohl die zurückhaltendste Richterin am
Obersten Gerichtshof. Denn dieses »konser-
vative« Gericht hat schon zu viele Gesetze als
verfassungswidrig abgeschmettert.

Brandeis University, 28. Januar 2016

DARIN UNTERSCHEIDEN WIR Richter uns von den
Gesetzgebern: Wir können nicht einfach bloß
sagen: »Ich stimme dafür, dass der Antrag-
steller gewinnt« oder »Ich stimme dafür, dass
der Antragsgegner gewinnt«. Wir müssen jede
einzelne unserer Entscheidungen begründen.
Manchmal fragt man sich, noch während man
die Begründung zusammenstellt: »Habe ich
recht? Habe ich diese oder jene Frage vielleicht übersehen?« Und, nicht allzu oft, aber
manchmal, sagt ein Richter sich auch: »Diese
Begründung war falsch. Ich habe mich geirrt.
Ich muss mich auf die andere Seite schlagen.«

C-Span, 1. Juli 2009

ALEXANDER HAMILTON, EINER unserer Gründerväter, hat gesagt, die rechtsprechende Gewalt
sei der ungefährlichste Arm, weil sie weder
über die Börse noch über das Schwert verfüge.
Aber über eins, nein, eigentlich zwei Dinge
verfügt sie doch: Vernunft und Urteilsvermögen. Und ich weiß von turbulenten Zeiten,
in denen diese beiden von unschätzbarem Wert
waren. Denken wir nur an unseren Obersten
Gerichtshof und seine Entscheidung von
1954, als die Rassentrennung an den Schulen
unseres Landes für verfassungswidrig erklärt
wurde ... Nun, der Oberste Gerichtshof verfügt
zwar über keine Truppen, aber Präsident
Eisenhower hat welche abgestellt, um dafür
Sorge zu tragen, dass den Anordnungen des
Gerichts Folge geleistet wurde. Und so war
das immer. Es gab turbulente Zeiten, ja, aber
meistens gründet sich die Macht des Obersten
Gerichtshofs auf seine Vernunft und sein
Urteilsvermögen und die Anerkennung des
Wertes dieser Einrichtung durch die übrigen
Gewalten.

Southern Methodist University, 1. Februar 1998

MÜNDLICHE ERÖRTERUNGEN SIND enorm
wichtig ... Seit Zulassung der Revision sitzen
wir zum ersten Mal alle neun zusammen, um
einen Sachverhalt gemeinsam zu besprechen.

VOR EINIGEN JAHREN hat ein Juraprofessor
und ehemaliger Rechtsanwaltsgehilfe ... die
Obersten Richter einmal danach bewertet, wie
viele Lacher sie bei ihren mündlichen Ausfüh-
rungen bekamen. Mich, seine frühere Vorgesetzte, bewertete er als »unkomischste Oberste
Richterin von allen, die reden«.

LEUTE FRAGEN MICH: »Fehlt es dir nicht, Anwältin zu sein?« Und ich lächele dann und denke, ich habe zwar ein sehr erlesenes Publikum, bin aber im Grunde meines Herzens Anwältin geblieben. Lieber reiße ich ein Gericht mit, als ein aufrüttelndes Sondervotum zu schreiben.

University of Connecticut School of Law, 12. März 2004

ES IST EIN ziemlich gutes Gefühl, die fünfte Stimme zu sein, die einen Fall so oder so entscheidet. Ein noch besseres Gefühl ist es, eine von vieren zu sein und mit meiner Argumentation eine fünfte Stimme zu gewinnen.

James Madison High School, 27. Juli 1994

BEI UNSTIMMIGKEITEN GIBT es keinen Stimmentausch. Es gibt kein: Hilfst du mir in diesem Fall, helfe ich dir in einem anderen. Nein, so etwas gibt es nicht. Niemals.

National Convention for the American Constitution Society for Law and Policy, 13. Juni 2015

DER WILLE, SICH in die Argumentation des anderen hineinzuversetzen, die Bereitschaft, die eigenen Ansichten zu überdenken, das sind wichtige Eigenschaften für ein Kollegialgericht. Wenn unsere Kollegen, allesamt kluge Leute, die Respekt verdienen, unterschiedlicher Ansicht sind, sollte man vielleicht kurz innehalten und in sich gehen und sich fragen: Habe ich recht? Gibt es eine Möglichkeit zur Einigung? Ist das so ein Fall, bei dem es so oder so nicht viel ausmacht, in welche Richtung die Rechtsprechung tendiert, so sie nur klar und eindeutig bleibt?

Anhörung während des Bestätigungsverfahrens vor dem Justizausschuss des Senats, Juli 1993

EIN RICHTER, DER mit dem Gedanken spielt, ein bestimmtes Schriftstück zu veröffentlichen, sollte sich immer Folgendes fragen: Ist dieses Sondervotum wirklich nötig? Man bedenke nur die zusätzliche Autorität, die die einstimmige Entscheidung des Gerichts dem Fall *Brown v. Board of Education* verliehen hat. In diesem Fall haben neun Richter dieselbe Erklärung unterzeichnet, um keinen Zweifel daran aufkommen zu lassen, dass die Verfassung Rassentrennung an den Schulen dieses Landes nicht duldet.

Harvard Club of Washington, DC, 17. Dezember 2009

ICH WÜRDE DIE Auslegung der vielen Feinheiten des amerikanischen Steuergesetzes als Beispiel für einen klassischen Fall nennen, in dem ich, obwohl ich womöglich anderer Auffassung bin, meine abweichende Meinung nicht kundtun darf und sie sozusagen beerdige – wir nennen das ein Friedhofsvotum. Stattdessen schließe ich mich der Mehrheitsmeinung an. Aber wenn es um eine wichtige Frage geht… dann lasse ich mich nicht beirren. Niemals würde ich mich auf einen Kompromiss einlassen, was Fragen, sagen wir, der Meinungsfreiheit, der Pressefreiheit oder der Geschlechtergleichheit angeht.

Duke University School of Law, 21. Juli 2017

Ich glaube, die meisten meiner Minderheits- meinungen werden irgendwann einmal Gesetz sein.

Tanner Lecture on Human Values, 6. Februar 2015

Sosehr ich den Wert einstimmiger Entscheidungen schätze, wenn etwas Wichtiges auf dem Spiel steht, werde ich immer meine Stimme zur Gegenrede erheben.

Harvard Club of Washington, DC, 17. Dezember 2009

MAN SCHREIBT SONDERVOTEN für die Zukunft, in der Hoffnung, das Gericht werde es mit der Zeit genauso sehen.

Aspen Wye Fellows Discussion, 24. Mai 2017

WAS WIR NACH draußen geben, ist eine gemeinsame Urteilsbegründung, man schreibt also nicht bloß für sich allein. Man schreibt, hoffentlich, für das ganze Gericht, und wenn schon nicht für alle, so doch zumindest für eine Mehrheit der Mitglieder. Und deren Ansichten gilt es zu berücksichtigen.

C-SPAN, 1. Juli 2009

ICH BIN IMMER bestrebt, Urteilsbegründungen zu schreiben, die gleichermaßen stimmig und stringent sind, ohne unnötige Abschweifungen oder irreführende Anschuldigungen gegen Kollegen, die anderer Meinung sind.

American Law Institute, 19. Mai 1994

EINVERNEHMLICHKEIT IST IRGENDWIE langweilig.
Uneinigkeit ist viel interessanter. Darum
schreibt die Presse auch kaum darüber, wie
einvernehmlich die meisten Entscheidungen
des Gerichts ausfallen.

American Law Institute, 23. Mai 2017

ICH WÜRDE NICHT behaupten wollen, die
Trennlinie verliefe immer entlang der Partei-
grenzen. In den vierundzwanzig Jahren, die
ich nun schon an diesem Gericht bin, waren
die »liberalsten« Richter beide … registrierte
Republikaner: John Paul Stevens und David
Souter.

Duke University School of Law, 21. Juli 2017

CITIZENS UNITED WAR wohl der wichtigste
Fall [in der jüngsten Zeit], da das Gericht die
Möglichkeit gehabt hätte, die verbreitete Praxis
zu unterbinden, dass derjenige die Wahlen
gewinnt, der die meisten Spenden generiert.
Diese Gelegenheit hat das Gericht ungenutzt
verstreichen lassen, und… ich hoffe, dass diese
Entscheidung eines Tages revidiert wird.

**Thomas Jefferson School of Law's Women and the Law
Conference, 8. Februar 2013**

ICH BIN DER festen Überzeugung, dass wir
eines Tages eine Regulierung der Parteienfinanzierung erleben werden. Ich hoffe, das wird
noch zu meinen Lebzeiten geschehen, doch
es vergeht ein Jahr nach dem anderen, und
so deutlich wir auch die schädlichen Auswirkungen gigantomanischer Wahlkampagnen vor
Augen geführt bekommen, leben wir doch in
einer Welt, in der man sich mit Spenden den
Zugang zu Abgeordneten erkaufen kann, an die
man sonst nicht herangekommen wäre.

**University of Minnesota Law School,
16. September 2014**

DIE SCHWERSTEN FÄLLE für mich – das sind nicht unbedingt die juristisch vertracktesten, sondern vielmehr die Fälle, die die Todesstrafe betreffen. Diese Fälle machen mir persönlich am meisten zu schaffen; der Gedanke, die letzte Instanz zwischen Leben und Tod zu sein.

Aspen Wye Fellows Discussion, 24. Mai 2017

ICH MUSSTE EINE schwere Entscheidung treffen. Ich hätte, so wie Richter Brennan und Richter Marshall, sagen können: »Ich halte mich da raus. Ich sage, die Todesstrafe ist in allen Fällen verfassungswidrig, Punkt.« Aber täte ich das, könnte ich nicht mehr mitreden. Dann könnte ich nicht versuchen, das alles vielleicht ein kleines bisschen besser zu machen.

**University of Carolina Hastings College of Law,
15. September 2011**

ICH HABE DIE Menschen, ganz besonders die Akademiker unter ihnen, die meinten, ich hätte im vorigen Jahr zurücktreten sollen, gefragt: »Was glaubt ihr, wen der Präsident nominieren und durch den gegenwärtigen Senat bringen könnte, den ihr lieber in diesem Gericht sähet als mich?« Bisher hat mir darauf noch niemand eine Antwort geben können.

New Republic, 28. September 2014

ICH KANN MIR nicht vorstellen, wie es hier aussähe – ich kann mir nicht vorstellen, wie es in diesem Land aussähe – mit Donald Trump als Präsident. Für das Land könnten es vier Jahre sein. Für dieses Gericht könnten es … darüber will ich erst gar nicht nachdenken.

New York Times, 10. Juli 2016

AUS ZUVERLÄSSIGER QUELLE habe ich mir sagen lassen, Reporter sähen es gerne, wenn wir unseren Urteilsbegründungen eine Rubrik »praktische Auswirkungen« anhängen würden, in der die Folgen unserer Entscheidungen für den Alltag der Bürger dargelegt werden. Wobei sie natürlich wissen, dass das Wunschdenken bleibt, denn so funktioniert unsere Rechtsprechung nicht. In unserem Rechtskreis mit seinem Fallrecht lässt sich eine Angelegenheit selten »auf Grundlage von ein oder zwei Fällen« entscheiden; meist braucht es »eine eingehendere Betrachtung«, oft unter Einbeziehung oder in fortlaufendem Dialog mit anderen Regierungsbehörden, staatlichen Stellen oder der Privatwirtschaft.

Loyola University Chicago School of Law,
22. August 1997

Es STIMMT, WIE Jeanne Coyne, Richterin am Obersten Gerichtshof von Minnesota, einmal so treffend sagte: Letzten Endes werden ein weiser alter Mann und eine weise alte Frau immer zum gleichen Schluss kommen. Aber es stimmt auch, dass Frauen – ebenso wie Angehörige verschiedener ethnischer Bevölkerungsgruppen – etwas beizusteuern haben zu dem »einzigartigen Gemisch unterschiedlichster Ansichten«, wie es der verstorbene Richter Alvin Rubin vom Fifth Circuit einmal bezeichnet hat. Unser Rechtssystem wird ganz sicher durch die Diversität seiner Richter bezüglich Herkunft und Lebenserfahrung bereichert.

Jahresversammlung der American Sociological Association, 11. August 2006

Frauen

und

Recht

IN MEINER JUGENDZEIT, und der von Richterin O'Connor, hatten die meisten Anwälte und Richter etwas, das die Franzosen eine »idée fixe« nennen; die felsenfeste Überzeugung nämlich, dass Frauen und Recht wie Wasser und Öl einfach unvereinbar miteinander sind. Nun, das muss nicht zwangsläufig so sein, wie sich an vielen antiken Texten ablesen lässt. In der griechischen Mythologie wurde Pallas Athene als Göttin der Weisheit und des Rechts verehrt. Um die Spirale der Gewalt zu durchbrechen, die mit Agamemnons Opferung seiner Tochter Iphigenie begonnen hatte, stellte Athene ein Gericht auf. Vor dieses sollte Orestes gestellt werden. Damit setzte sie anstelle einer auf Rache sinnenden Schreckensherrschaft eine Gerichtsbarkeit. Und man denke nur an die biblische Deborah. Sie war Prophetin, Richterin und militärische Anführerin. Eine dreifache Autorität, wie sie nur zwei weitere Israeliten innehatten, beides Männer: Moses und Samuel.

Vierteljahrestreffen der Philadelphia Bar Association, 23. Oktober 2003

WARUM HABEN ANGESEHENE Männer des
Gesetzes so lange gebraucht, um Frauen die
Türen zu öffnen? Tradition war sicher ein
gewichtiger Grund. In der Geschichte unseres
Landes galten die beiden Begriffe »Frau«
und »Anwalt« sehr lange als unvereinbar. Bis
1920 galt noch die Ausrede, dass Bürger, die
nicht wählen durften, die keine Stimme in
der Gesetzgebung hatten, auch nichts dabei
verloren hätten, Gesetze auszulegen oder zu
beschließen.

University of Puget Sound School of Law,
2. November 1978

[FLORENCE ALLEN] SCHLOSS ihr zweites Studienjahr als Zweitbeste ihres Jahrgangs ab, und
ihre Kommilitonen beglückwünschten sie zu
ihrem »herausragend maskulinen Verstand«,
weil sie denke »wie ein Mann«. Allen selbst sah
das ganz anders. Sie sagte einmal: »Wenn kluge
Frauen ihre Teilhabe, ihre Verantwortung an
den Gerichten reklamieren, wird die Rechts-
pflege mächtige moralische Rückendeckung
erfahren.«

**Über Florence Allen, die erste Frau am Obersten
Gericht des Staates Ohio, National Association of
Women Judges, 7. Oktober 1995**

IN MEINER JUGENDZEIT gab es so viele
Einschränkungen bei dem, was junge Mädchen
und Frauen werden konnten. Sie konnten keine
Polizistinnen werden, sie konnten keine Feuer-
wehrfrauen werden, sie konnten keine Gruben-
arbeiterinnen werden, sie durften nachts nicht
arbeiten. Es gab so viele Restriktionen. Anwältinnen gab es kaum, womöglich drei Prozent
der Anwaltschaft, und Richterinnen noch
weniger. Weshalb ich nie Anwältin werden
wollte, und schon gar keine Richterin, denn
wenn man mit seinem Beruf den Lebensunterhalt bestreiten wollte, wurde man besser
Lehrerin.

The Kalb Report, 17. April 2014

EINE GERN GENUTZTE Fallsammlung zum Eigen-
tumsrecht hielt, in der Ausgabe von 1968, eine
erheiternde Randbemerkung bereit: »Land«,
hieß es da, »ist, genau wie Frauen, dazu da, in
Besitz genommen zu werden.« Längst vergan-
gene Zeiten, die wir zum Glück weit hinter uns
gelassen haben.

Vorwort, *Yale Journal of Law & Feminism*, 2002

DIE WENIGEN WAGEMUTIGEN Frauen, die in den
1950er- und 1960er-Jahren Jura studierten,
stellten, so die allgemeine Annahme, keine
echte Herausforderung (oder Konkurrenz)
für die Männer dar. Ein angesehener Juraprofessor bemerkte 1971 bei einer Tagung der
Association of American Law Schools hinsicht-
lich der Bedenken, die seine Kollegen ange-
sichts steigender Studentinnenzahlen geäußert
hatten (die sich mit der massenweisen Einbe-
rufung junger Männer zum Vietnamkrieg über-
schnitt): »Keine Sorge«, sagte er. »Denn was
sind Jurastudentinnen schon? Nichts weiter als
verweichlichte Männer.«

**Jahrestagung der American Sociological Association,
11. August 2006**

ARBEITGEBER MACHTEN GAR keinen Hehl daraus
und sagten ganz unverblümt: »Wir wollen keine
Anwältinnen in unserer Kanzlei«, oder »Wir
hatten mal eine Anwältin, die war furchtbar«.
Meine Antwort darauf? »Und wie viele Anwälte
hatten Sie schon, die Sie wieder entlassen
mussten?«

Georgetown University Law Center, 7. September 2016

ICH BIN BEILEIBE kein aggressiver Mensch, aber
ich habe als eine von neun Frauen unter gut
500 männlichen Kommilitonen angefangen,
Jura zu studieren... Oft hatten wir das Gefühl,
wenn wir aufgerufen werden, müssen wir
immer die richtige Antwort parat haben, alles
andere hieße zu versagen. Nicht nur vor uns
selbst, nein, der Professor würde sagen: »Ach,
so sind Jurastudentinnen nun mal.« Wir waren
es gewohnt, im Rampenlicht zu stehen. Wir
sahen es als unsere Pflicht an, unseren männlichen Kommilitonen und unseren Lehrkräften
zu zeigen, dass Frauen alles mitbringen, was
es braucht, um in der Juristerei erfolgreich zu
sein.

Georgetown University Law Center, 8. April 2010

MEIN MANN HAT Jura gelehrt, und wenn er im
Seminar einen Freiwilligen bestimmen musste,
schoss automatisch die Hand eines Mannes in
die Luft. Er hatte einen Kollegen, der immer
gesagt hat: »Nimm nicht den Erstbesten, der
sich meldet. Warte lieber einen Moment, meistens meldet sich dann auch eine Frau.« Seiner
Erfahrung nach reden Männer einfach los,
ohne lange nachzudenken, während Frauen
erst nachdenken und dann reden.

European University Institute, 2. Februar 2016

SICHERLICH WEHTE FÜR Frauen in den 1950er-Jahren ein rauer Wind an den juristischen Fakultäten, auch wenn vielen von uns das damals gar nicht so auffiel. Man war darauf gefasst, man nahm es hin. Das Gefühl von Ungerechtigkeit meldete sich bei uns erst Jahre später, als jüngere Frauen, viele angetrieben von den Geschehnissen in der Bürgerrechtsbewegung, darauf hinwiesen, das Schild am Eingangstor sei ganz falsch. Es solle nicht lauten: »Willkommen den Eigenartigen und Einzigartigen«, sondern »Das Gesetz ruft Frauen ebenso wie Männer«.

**University of Puget Sound School of Law,
2. November 1978**

ALS ICH 1959 meinen Abschluss an der Columbia Law School gemacht habe, wollte keine einzige Kanzlei in ganz New York mich einstellen ... Drei Dinge sprachen gegen mich: Ich war Jüdin, ich war eine Frau, und ich war Mutter. Beim Ersten schoss die eine Augenbraue in die Höhe, beim Zweiten die andere, und beim Dritten war ich dann vollends aus dem Rennen.

Harvard University, 7. Oktober 1993

[SANDRA DAY O'CONNOR] hat gesagt: »Wären Ruth und ich in einer Zeit aufgewachsen, in der Frauen nicht diskriminiert wurden, wären wir beide längst Teilhaber einer renommierten Anwaltskanzlei und im wohlverdienten Ruhestand.«

CBS Sunday Morning, 9. Oktober 2016

»ALS ICH ANGEFANGEN habe… an der Universität zu lehren, konnte man die Frauen mit Professorenstellen an juristischen Fakultäten an einer Hand abzählen. An den Appellationsgerichten gab es damals überhaupt keine Frauen, keine einzige.«

C-SPAN, 28. März 1986

FRAUEN SASSEN IN keiner nennenswerten Zahl auf den Richterstühlen, schon gar nicht auf Bundesebene, bis Jimmy Carter Präsident wurde… Er hat sich die Bundesgerichtsbarkeit angeschaut und festgestellt: »Irgendwie sehen die alle aus wie ich.« Und so sehen die großen Vereinigten Staaten von Amerika nun einmal nicht aus.

National Convention of the American Constitution Society for Law and Policy, 13. Juni 2015

DER DURCHBRUCH FÜR den Obersten Gerichtshof der Vereinigten Staaten war die Ernennung von Richterin Sandra Day O'Connor, Republikanerin durch und durch, Mehrheitsführerin des… Senats von Arizona. Aber in den Fällen, in denen es um Chancengleichheit für Frauen ging, haben wir beide immer verblüffend ähnlich abgestimmt.

National Museum of Women in the Arts, 16. März 2014

DIE ANKÜNDIGUNG DES Präsidenten [meine Nominierung für den Obersten Gerichtshof betreffend] ist, wie ich finde, deshalb so wichtig, weil sie dazu beiträgt, die Zeiten endgültig zu beenden, in denen Frauen, die mindestens die Hälfte des Talent-Pools unserer Gesellschaft stellen, nur ganz vereinzelt in hohen Positionen anzutreffen sind.

Rede zur Annahme ihrer Nominierung für den Obersten Gerichtshof, 14. Juni 1993

MEINE TOCHTER WIRD manchmal gefragt, wie sie es findet, dass ihre Mutter als zweite Frau überhaupt für das Amt einer Obersten Richterin nominiert wurde. Sie antwortet darauf genauso, wie ich es tun würde: »Ich finde das prima, aber noch besser wäre es, wenn so viele Richterinnen in den Gerichten unseres Landes säßen, dass niemand sie mehr zählt.«

Women's Bar Association of the District of Columbia, 24. Mai 1994

DIE NATIONAL ASSOCIATION of Women Judges,
eine Vereinigung amerikanischer Richterinnen und Anwältinnen, hat, sehr voraus-
schauend, wie sich noch zeigen sollte, zur Feier
meines ersten Tages am Gericht einen kleinen
Umtrunk ausgerichtet. Sie haben Sandra und
mir T-Shirts geschenkt. Auf ihrem stand:
Ich bin Sandra, nicht Ruth, und auf meinem:
Ich bin Ruth, nicht Sandra.

O, The Oprah Magazine, **14. Mai 2002**

RICHTERIN O'CONNORS UND meinen Stellung-
nahmen ist ein entscheidendes Kriterium
gemeinsam, das Sie bei den meisten meiner
Kollegen vergebens suchen werden. Wir beide
halten uns an die Fakten. Wir machen keine
unnützen Worte, wir verschwenden keine
Energie, um über Kollegen oder die Richter an
vorinstanzlichen Gerichten herzuziehen.

National Constitution Center, 7. März 2008

FÜR MICH WAR die schwerste Zeit am Obersten
Gerichtshof, als Richterin Sandra Day
O'Connor in den Ruhestand gegangen ist und
ich ganz alleine war. Irgendwie war das ein
schiefes Bild, eine kleine Frau und acht recht
gut genährte Männer. Das hat die öffentliche
Wahrnehmung verzerrt. Aber inzwischen sind
wir Frauen zu dritt, wir stellen ein Drittel des
Richterkollegiums.

**Keynote-Gespräch beim World Justice Forum V,
20. Juli 2017**

FRAUEN GEHÖREN IN sämtliche Positionen, in
denen Entscheidungen zu fällen sind. Ich sage
nicht, [das Verhältnis] muss 50 zu 50 sein.
Es können auch 60 % Männer sein und 40 %
Frauen oder umgekehrt. Nur sollten Frauen
keine Ausnahmeerscheinung sein.

USA Today, **Mai 2009**

ICH WÜRDE ERWARTEN, dass zu meinen Lebzeiten unter den Nominierten für den Obersten Gerichtshof, ausgehend von ihrer Qualifikation, genauso viele Kolleginnen wie Kollegen sein werden. Diese Aussicht gibt Anlass zur Hoffnung, und ihre Umsetzung wird Grund zum Jubel sein.

Vereidigungsfeierlichkeiten am Obersten Gerichtshof,
10. August 1993

UNGEFÄHR DIE HÄLFTE aller Jurastudierenden in den USA und über ein Drittel aller Bundesrichter sind heutzutage Frauen, darunter auch drei der Richter am Obersten Gerichtshof der Vereinigten Staaten. Frauen besetzen mehr als dreißig Prozent der Dekanate an den juristischen Fakultäten des Landes und sitzen im Aufsichtsrat von 24 Prozent aller Fortune 500 Unternehmen. In meinem langen Leben habe ich gewaltige Veränderungen gesehen.

New York Times, **1. Oktober 2016**

Es BEREITET MIR großes Vergnügen zu erleben, wie Frauen ihre Fälle vor diesem Gericht vertreten. Wisst ihr, vor gar nicht allzu langer Zeit war man der Ansicht, Frauen gehörten ausschließlich in ganz bestimmte Bereiche, Familienrecht vor allem, vielleicht noch Steuerrecht, nur selten waren sie Staatsanwältinnen und noch seltener Prozessanwältinnen. Aber heutzutage könnte ich die vielen Fälle, die hier von Frauen vertreten werden, gar nicht mehr in Kategorien einordnen. Inzwischen ist es schon fast Alltag, dass Anwältinnen beide gegnerischen Seiten vertreten.

Frage-und-Antwort-Stunde mit Achtklässlern am Obersten Gerichtshof, 11. Mai 1994

Manchmal werde ich gefragt: »Jetzt seid ihr also zu dritt. Was meinst du, wann seid ihr endlich genug Frauen am Obersten Gerichtshof?« Und ich denke mir: Wenn wir zu neunt sind.

Georgetown University Law Center, 7. September 2016

FRAUEN KÖNNEN IN jedem juristischen Bereich Großes leisten, so sie denn bereit sind, Zeit und Mühe zu investieren, um Expertinnen auf diesem oder jenem Gebiet zu werden. Da ihnen nun alle Türen offenstehen, sollten Frauen tun, was sie ihrer Ansicht nach… am besten können.

Georgetown University, 27. April 2017

ES MACHT MIR Mut, dass eine kürzlich von der University of Michigan durchgeführte Studie… besagt, dass von sämtlichen Studierenden, die ihren Abschluss an dieser hervorragenden juristischen Fakultät gemacht haben, Frauen mit Kindern die zufriedensten sind. Ja, sie sind überlastet, auch das hat die Studie festgestellt, aber sie sind auch hochzufrieden. Sie lieben das Familienleben. Sie lieben ihren Beruf. Und sosehr beide auch gelegentlich für Stress sorgen, so sind sie doch auch wechselseitig Erholung und Entspannung voneinander.

California Women Lawyers, 22. September 1994

EINEN SCHIEFEN, STÖRENDEN Ton ... gibt es allerdings – die Neigung, den eigenen Feminismus als den einzig wahren zu betrachten und die Beiträge anderer zu verunglimpfen, statt sie wertzuschätzen. Wenn diese fatale Neigung sich beherrschen lässt, wird die feministische Rechtstheorie, ohnehin schon ein intellektuelles Vorhaben allererster Güte, wahrlich Anlass zur Freude geben.

University of Chicago Legal Forum Symposium,
Oktober 1988

NOCH LIEGT EIN langer Weg vor uns, aber wir sind schon weit gekommen seit dem Tag, als Präsident Thomas Jefferson seinem Außenminister sagte: »Die Ernennung einer Frau in ein öffentliches Amt ist eine Neuerung, für die die Öffentlichkeit noch nicht bereit ist. Und ich«, fügte Jefferson hinzu, »bin es auch nicht.«

Women's Bar Association of the District of Columbia,
24. Mai 1994

Teil III

IHR EIGENES LEBEN

Erinne-
rungen

EINE MEINER LIEBSTEN Erinnerungen an meine
Kindheit ist, wie ich bei meiner Mutter auf dem
Schoß sitze und sie mir vorliest. So habe ich
das Lesen lieben gelernt.

**Bücherlesung für Kinder bei United Way in Santa Fe,
New Mexico, 16. August 2016**

ZWEI IST MEINE Glückszahl. Ich war die zweite
Frau, die einen Lehrstuhl an der juristischen
Fakultät der Rutgers University bekam, noch
vor meinem Wechsel an die Columbia. Dann die
zweite Frau, aber die erste ordentliche Profes-
sorin, an der Columbia. Die zweite Frau am
DC Circuit[11]. Und die zweite Frau am Obersten
Gerichtshof der Vereinigten Staaten.

The Aaron Harber Show

---

11 das Berufungsgericht des District of Columbia

Hätte Gott mir auch nur einen Funken Talent mitgegeben, ich wäre eine großartige Diva. Aber zu meinem Leidwesen bin ich vollkommen unmusikalisch. Ich singe nur an zwei Orten: unter der Dusche und in meinen Träumen.

Aspen Wey Fellows Discussion, 24. Mai 2017

CORNELL [AN DER Ginsburg ihr Studium
begann] galt in den frühen 1950er-Jahren ...
als hervorragende Universität für junge
Frauen, weil auf jede Studentin vier Studenten
kamen. Es gab eine strikte Quotenregelung.
Was bedeutete, dass die Frauen dort ungleich
klüger waren als die Männer. Aber man durfte
sich nicht anmerken lassen, wie klug man
war. Vielmehr gab man sich am besten den
Anschein, als würde man gar nicht studieren,
sondern sei eine Partymaus. Weshalb ich meine
Arbeit meist auf den diversen Damentoiletten
des Campus erledigte, um [dann], wenn ich ins
Studentenwohnheim zurückkam, keine Haus-
aufgaben mehr machen zu müssen.

Academy of Achievement Interview, 14. Juli 2016

ZUR BEGRÜSSUNG LUD der Dekan [der Harvard Law School] die Studentinnen im ersten Semester zum Dinner zu sich nach Hause ein. Er führte uns ins Wohnzimmer und rief uns dann nacheinander auf, damit wir ihm reihum erklärten, warum wir in Harvard Jura studierten und so einem Mann den Studienplatz wegnahmen.

Makers, 26. Februar 2013

ES GAB UNZÄHLIGE Demütigungen, die man
einfach als gegeben hinnahm, ohne sie groß
zu hinterfragen. An der Harvard Law School
beispielsweise saß ich in der Redaktion der
Law Review[12], und ich wurde losgeschickt, um
in der Lamont Library[13] etwas in einer Fachzeitschrift nachzuschlagen. Am Eingang stand
ein Mann, der mich aufhielt und sagte: »Sie
können hier nicht rein.« »Und warum nicht?«
»Weil Sie eine Frau sind.«

**Anhörung während des Bestätigungsverfahrens vor
dem Justizausschuss des Senats, Juli 1993**

DIE JURISTISCHE FAKULTÄT bat mich, eine
Vermögensaufstellung meines Schwiegervaters einzureichen. Zuerst war ich stinksauer.
Denn ich wusste, nie würde ein Mann, der sich
verheiraten wollte, aufgefordert werden, eine
Vermögensaufstellung seines Schwiegervaters
in spe abzugeben.

Only in America, **2. September 2004**

---

12 juristische Fachzeitschrift
13 eine der Bibliotheken der Harvard University

[GERALD GUNTHER] WAR wild entschlossen, mir eine Stelle als Rechtsreferendarin zu organisieren. Also empfahl er mich einem Richter, der seine Referendare immer von der Columbia Law School rekrutierte, und sagte: »Meine Kandidatin für Sie ist in diesem Jahr Ruth Bader Ginsburg.« Und der Richter sagte: »Also nein, ich habe mir ihren Lebenslauf angesehen. Sie hat eine vierjährige Tochter. Wie soll ich mich auf so eine verlassen?« Und mein großartiger Professor entgegnete: »Richter Palmieri, versuchen Sie es mit ihr. Sollte es nicht funktionieren, steht einer ihrer Kommilitonen auf Abruf bereit, um für sie einzuspringen.« Das war das Zuckerbrot. Die Peitsche war: »Wenn Sie es nicht wenigstens versuchen, empfehle ich Ihnen nie wieder einen Referendar von der Columbia.«

**University of Colorado Law School,
19. September 2012**

HABE ICH 1963 bei meiner Berufung an die
Rutgers Law School, just in dem Jahr, in dem
der Equal Pay Act[14] in den USA Gesetz wurde,
genauso viel verdient wie meine männlichen
Kollegen? Ein nachdrückliches »Nein«. Der
nette Dekan der juristischen Fakultät stam-
melte etwas von den beschränkten Mitteln der
Universität, um dann hinzuzufügen, darüber
hinaus sei es nur recht und billig, mich so
bescheiden zu entlohnen, da mein Mann ja eine
gut bezahlte Stelle habe.

**Oklahoma Bar Association Women in the Law
Conference, 28. August 1997**

---

14 Lohngleichheitsgesetz

Es WAR MEIN zweites Jahr an der Rutgers.
Ich hatte Einjahresverträge, und ich war mir
ziemlich sicher, würde ich ihnen sagen, ich sei
schwanger, würde ich keinen neuen Vertrag
bekommen. Also trug ich die Kleider meiner
Schwiegermutter. Das klappte wunderbar, sie
trug genau eine Größe größer als ich, und so
schummelte ich mich durch das Frühjahrs-
semester. Mit dem neuen Vertrag in der Hand
verkündete ich meinen Kollegen, wenn ich
im Herbst zurückkäme, hätten wir ein neues
Familienmitglied.

What it Takes, 26. September 2016

ICH WEISS GAR nicht mehr, an wie vielen
Sitzungen ich in den 1960er- und 1970er-
Jahren teilgenommen habe, bei denen ich,
wie ich fand, recht gute Ideen geäußert habe...
Und dann sagte irgendwer genau dasselbe.
Und plötzlich waren die Leute ganz Ohr und
gingen darauf ein.

USA Today, Mai 2009

ICH GLAUBE, LETZTENDLICH war es meine
Arbeit, die mich durch zwei Krebserkran-
kungen getragen hat ... Es war das Wissen,
eine Aufgabe zu haben, eine wichtige Aufgabe,
darum konnte ich nicht immer nur um die
Schmerzen kreisen. Ich hatte Wichtigeres zu
tun.

University of Notre Dame, 2. September 2016

ES GEHT DOCH nichts über eine Krebserkrankung, um die kleinen Freuden des Lebens
wieder wertschätzen zu lernen. Es ist, als
werde alles von einem frischen, neuen Wind
durchweht: meine Arbeit, mein ganzes Leben.
Alles, was ich tue, weiß ich umso mehr zu
schätzen, schlicht, weil ich es noch kann.

Women's Health Research Dinner, 7. Mai 2001

Nach meiner Darmkrebsoperation sagte [mein Mann] Marty: »Du musst dir einen Trainer zulegen.« Er fand, ich sähe aus wie eine Auschwitz-Überlebende.

The New Yorker, 11. März 2013

Ich habe einen privaten Fitnesstrainer, der mich seit 1999 trainiert... [Mein Training] dauert eine Stunde, und, ach, im ersten Teil machen wir Liegestütz und eine Übung, die sich »Plank« nennt, und dann muss ich diverse Gewichte heben. Das machen wir... zwischen sieben und acht, damit ich mir nebenher die Nachrichtensendung *Newshour* anschauen kann.

Virginia Military Institute, 1. Februar 2017

WISSEN SIE, WER kopiert wurde für The Notorious RBG? The Notorious B.I.G., ein weltbekannter Rapper. Als ich von dem Tumblr hörte, den diese beiden Jurastudenten angelegt hatten, sagte ich, tja, klar. Wir beide haben viel gemeinsam. Sie? Mit The Notorious B.I.G.? Aber natürlich! Wir stammen beide aus Brooklyn, New York.

Rathbun Lecture on a Meaningful Life an der Stanford University, 6. Februar 2017

ICH FINDE NICHT, dass eine Richterin zuallererst daran denken sollte: Ich bin von einem Präsidenten der Demokraten ernannt worden. Wenn ich gehe, dann so, dass ein anderer demokratischer Präsident meinen Nachfolger bestimmen kann. Ich werde diese Arbeit machen, solange ich der Überzeugung bin, sie mit ganzer Kraft machen zu können.

CBS Sunday Morning, 9. Oktober 2016

Das hier ist der härteste Posten, den ich je hatte.
Beim Einschlafen denke ich an unsere Fälle, nicht daran, dass ich immer älter werde.

Santa Fe New Mexican, 23. August 2014

FRÜHER HATTE ICH eine Antwort [auf die Frage, wie lange ich denn noch am Obersten Gerichtshof bleibe], die jahrelang sehr gut funktioniert hat. Sie lautete: »Richter [Louis B.] Brandeis war bei seiner Ernennung genauso alt wie ich [bei meiner Ernennung]: 60. Und er war 23 Jahre an diesem Gericht, weshalb ich davon ausgehe, dass ich genauso lange bleibe.« Tja, nun habe ich Brandeis überholt, ich habe in meiner Amtszeit [Richter Felix] Frankfurter überholt, also lautet meine Antwort nun, solange ich die Arbeit mit ganzer Kraft machen kann, mache ich sie.

Equal Justice Works, 27. Oktober 2017

ICH VERSUCHE EINFACH, diese großartige Arbeit, die ich habe, nach besten Kräften zu machen, ohne einen Gedanken daran zu verschwenden, ob ich anderen ein inspirierendes Beispiel bin. Ich gebe einfach mein Bestes.

Bloomberg, 12. Februar 2015

Freunde und Familie

MEINE MUTTER VERSTARB einen Tag vor meinem Abschluss an der James Madison High School in Brooklyn. [Meine Tochter] Jane und ich leben ihr Ideal, erfolgreiche, unabhängige Frauen zu sein. Die Frau, die mich gelehrt hat, das Lernen zu schätzen, wäre sicher hocherfreut zu erfahren, dass mit meiner Enkeltochter Clara die Frauen unserer Familie nun schon in dritter Generation in Harvard Jura studieren.

What I Told My Daughter, 5. April 2016

ALS KIND GAB es für mich nicht viele
[Vorbilder], weil Frauen kaum in der Öffentlichkeit standen. Darum hatte ich ein echtes
und ein fiktives Vorbild. Das echte war Amelia
Earhart. Das fiktive Nancy Drew[15].

**Rathbun Lecture on a Meaningful Life
an der Stanford University, 6. Februar 2017**

DIE MEISTEN BÜCHER, die ich in der Schule
gelesen habe, waren aus der Serie »Dick and
Jane«. Dick war sportlich, fuhr Rad. Jane trug
hübsche Kleidchen und war brav. Aber Nancy
Drew, die ließ sich nichts vormachen, die nahm
die Dinge selbst in die Hand, und ihr Freund,
na ja, der tat meistens, was sie ihm sagte.

University of Notre Dame, 12. September 2016

---

15 Detektivin in einer Mädchenbuchreihe

AN DER CORNELL University veränderte ein
europäischer Literaturprofessor, Vladimir
Nabokov, meine Art zu lesen und zu schreiben.
Von ihm habe ich gelernt, wie man mit Worten
Bilder malen kann. Das richtige Wort und die
richtige Wortfolge können, wie er anschaulich
demonstrierte, einen Unterschied ausmachen
wie Tag und Nacht, wenn man ein Bild
entwerfen oder eine Idee transportieren will.

My Own Words, 4. Oktober 2016

MARTY WAR DER erste Mann, vermutlich der
einzige Mann, der sich je dafür interessiert hat,
dass ich über ein Gehirn verfüge.

**Über ihren Ehemann Marty Ginsburg, Georgetown
University, 27. April 2017**

Ich hatte das unverschämte Glück, einen Mann geheiratet zu haben, der meine Arbeit für genauso wichtig hielt wie seine eigene. In den 1950er-Jahren eine Seltenheit.

Yale Law School, 2013

MANCHE ERSTSEMESTER-JURASTUDENTEN
lassen sich von diesen Abläufen, vom Jurastudium an sich, fast mit Haut und Haaren
verschlingen. Tag und Nacht wird gepaukt,
das Leben besteht aus nichts anderem mehr.
In meinem Leben gab es damals sehr viel
mehr als bloß mein Jurastudium. Weshalb ich
meinen akademischen Erfolg zu großen Teilen
zwei Menschen zuschreibe: meinem Ehemann
natürlich und meiner kleinen Jane.

University of Notre Dame, 12. September 2016

[MARTY] HAT MIR immer das Gefühl gegeben,
besser zu sein, als ich selbst glaubte. Am
Anfang war ich immer zutiefst verunsichert,
kriege ich das hin, dieses Schriftstück, diese
mündliche Erörterung. Bis heute. Und dann
stehe ich da und schaue mir meine Kollegen an
und denke mir: »Es ist ein hartes Stück Arbeit,
aber was die können, das kann ich auch.«

Wheaton College, 8. Juni 1997

JANE HILFT MIR ganz enorm dabei, ein ganzer
Mensch zu sein, weil ich allzu sehr dazu
neige, mich in meiner Arbeit zu verlieren. Und
Jane weiß nur zu gut, dass ich gut und gerne
zwanzig Stunden am Tag an meinem Schreibtisch sitzen und Schriftsätze lesen und Stel-
lungnahmen schreiben könnte, wenn keiner zu
mir sagt: »Zeit, mal wieder ins Kino zu gehen.
Zeit, dass du deine Enkel mal wiedersiehst, ich
komme übers Wochenende nach Washington.«
Wenn ich also ein normales, erfülltes Leben
führe, verdanke ich das vor allem meiner
bemerkenswerten Tochter.

**Women's Bar Association of the District of Columbia,
27. Oktober 1993**

MEIN SOHN [JAMES] – ich nannte ihn lebhaft,
seine Lehrer nannten ihn hyperaktiv. Und ich
konnte davon ausgehen, mindestens einmal
im Monat einen Anruf aus der Schule zu
bekommen, in dem mir von den neuesten Eska-
paden meines Kindes berichtet wurde, und ich
solle dringend herkommen und mit dem Klas-
senlehrer oder dem Schulpsychologen oder
dem Direktor sprechen. Eines Tages, als ich
besonders müde und ausgelaugt war, saß ich in

meinem Büro an der Columbia Law School...
und ich sagte: »Das Kind hat zwei Eltern-
teile. Bitte rufen Sie uns abwechselnd an –
diesmal ist sein Vater dran.« Nun, Marty fuhr
von seinem Büro schnurstracks in die Schule
und wurde dort von drei versteinerten Gesich-
tern begrüßt. Und was hatte James verbro-
chen? »Ihr Sohn hat den Fahrstuhl gekapert.«
Worauf Marty trocken erwiderte: »Wie weit ist
er denn gekommen?« Ich weiß nicht, ob es an
Martys Humor lag... Vermutlich lag es eher
daran, dass sie uns nun abwechselnd anrufen
mussten. Jedenfalls bekamen wir danach
höchstens noch einen Anruf pro Halbjahr.
Dabei hatte sich das Verhalten meines kleinen
Sohnes kaum verändert. Aber ich glaube,
die meisten Menschen schrecken eher davor
zurück, einen Mann von der Arbeit abzuhalten
als eine Frau.

University of Colorado Law School, 19. September 2012

Nun, ich war diejenige, die unter der Woche gekocht hat. Marty war am Wochenende dran und wenn wir Gäste hatten. Als meiner Tochter – sie war damals auf der Highschool, vielleicht so 15, 16 Jahre alt – der gewaltige Unterschied zwischen Daddys Kochkünsten und denen von Mommy aufging, entschied sie, Mommy solle lieber gänzlich aus dem Küchendienst ausgeschlichen werden. Sie sollte nicht jeden Tag kochen. Wir wohnen nun schon seit 1980 in Washington. Bisher habe ich kein einziges Mal mehr gekocht.

The Rachel Madden Show, 16. Februar 2015

WER HAT ALLES? Mann oder Frau? Nun, wenn ich mir mein ganzes Leben so anschaue, dann wohl ich. Ich hatte alles, wenn auch nicht unbedingt alles auf einmal. Als Marty ein junger aufstrebender Anwalt war und auf dem besten Weg, Partner in seiner Kanzlei zu werden, habe ich den Haushalt geführt und mich um die Kinder gekümmert. In den 1970er-Jahren, als ich das ACLU Women's Rights Project mit angestoßen habe, stürzte Marty sich hellauf begeistert in die Veränderung und war mein größter Unterstützer. Das Pendel schlug wieder zur anderen Seite aus. Ich glaube, man kann einander in unterschiedlichen Lebensphasen wechselseitig unterstützen.

University of Notre Dame, 12. September 2016

Richter Learned Hand war ein brillanter Jurist, und mehr als alles andere wollte ich mein Referendariat bei ihm machen, mehr noch als bei einem Obersten Richter. Richter Edmund Palmieri wiederum, dem ich zugeteilt war, wohnte gleich um die Ecke von Richter Hand und nahm diesen immer mit zur Arbeit und wieder mit nach Hause... Ich saß hinten auf der Rückbank, und dieser großartige Mann sagte einfach, was ihm in den Sinn kam. Er sang aus voller Kehle Lieder, mit Wörtern, die ich noch nie gehört hatte. Und ich fragte ihn: »Richter Hand, Sie scheinen sich nicht an mir zu stören, wenn wir zusammen im Auto sitzen. Warum wollen Sie mich nicht als Referendarin?« Und er sagte: »Junges Fräulein, für mich sind Sie Luft.«

What It Takes, 26. September 2016

ALS PRÄSIDENT CLINTON damals über seine
Nominierung für den Obersten Gerichtshof
nachdachte, wurde Richter Scalia gefragt:
»Wenn Sie mit Ihrem neuen Kollegen auf einer
einsamen Insel stranden würden, wer wäre
Ihnen dann lieber: Richter Tribe oder Mario
Cuomo?« Richter Scalia antwortete rasch und
unmissverständlich: »Ruth Bader Ginsburg.«
Und noch am selben Tag entschied der
Präsident sich für mich.

**Nachruf anlässlich der Gedenkfeier
für Richter Antonin Scalia, 1. März 2016**

EINMAL DANACH GEFRAGT, wie wir miteinander befreundet sein könnten, wo wir doch in so vielen Dingen grundsätzlich anderer Meinung seien, antwortete Richter Scalia:

»Ich greife Ideen an. Ich greife keine Menschen an. Manchmal haben auch hochanständige Menschen grundfalsche Ideen, und wenn man das eine nicht vom anderen trennen kann, dann sollte man sich einen anderen Beruf suchen. Dann sollte man kein Richter sein, zumindest keiner in einem mehrköpfigen Gremium.«

**Nachruf anlässlich der Gedenkfeier
für Richter Antonin Scalia, 1. März 2016**

ES IST GUT, jemanden zum Freund zu haben, der hochintelligent ist und seinen Standpunkt darlegen kann. Das zwingt einen, schärfer nachzudenken.

**Über Richter Antonin Scalia, *CBS Sunday Morning*,
1. Oktober 2017**

Wenn unsere Freundschaft Verständnis dafür weckt, dass auch grundgute Menschen manchmal Ideen haben, mit denen wir nicht konform gehen, und dass Menschen sich, wenn sie nur wollen, allen Differenzen zum Trotz, zum Wohle der Institutionen, in deren Dienst sie stehen, und ihres Landes zusammenraufen können, wäre ich überglücklich, und ich bin mir sicher, Richter Scalia ginge es genauso.

Aspen Institute McCloskey Speaker Series, 1. August 2017

Lektionen fürs Leben

[Meine Mutter] sagte immer: Sei eine Dame. Und: Sei unabhängig. »Sei eine Dame« hieß, sich nicht von Gefühlen leiten zu lassen, die einen auslaugen und einem die Kraft rauben. Zorn etwa. Einfach tief durchatmen und ruhig sagen, was man zu sagen hat.

CBS Sunday Morning, 9. Oktober 2016

WAS MEINTE SIE mit: Sei eine Dame? Nun, sie meinte damit ganz sicher nicht, dass man nachmittags um vier den Tee zu servieren hat. Sie meinte damit, eine Dame verschwendet ihre Zeit nicht an unnütze Gefühle. Eine Dame gibt keine schnippischen Antworten im Zorn. Sie ist nicht neidisch. Sie ist eine Dame – das heißt, wenn ein unfreundliches Wort fällt, tut sie, als hätte sie es nicht gehört.

University of Notre Dame, 12. September 2016

WAS UNABHÄNGIG SEIN bedeutet: Ich bin mir sicher, meine Mutter hat gehofft, dass ich eines schönen Tages meinen Traumprinzen kennenlerne und ihn heirate und wir glücklich miteinander leben bis ans Ende unserer Tage. Aber, sagte sie, ganz gleich, was du im Leben auch erreichst, oder nicht, du musst für dich selber sorgen können. Das war ein wirklich guter Ratschlag.

University of Notre Dame, 12. September 2016

[MARTYS] MUTTER NAHM mich zur Seite und sagte:»Liebes, ich möchte dir das Geheimnis einer glücklichen Ehe anvertrauen.« Und ihr Geheimnis lautete: Manchmal hilft es, auf einem Ohr ein bisschen taub zu sein. Und damit reichte sie mir ein Paar Ohrenstöpsel, die allerbesten. Diesen Rat habe ich in den sechsundfünfzig Jahren einer glücklichen Ehe und an jeder Arbeitsstelle, einschließlich meiner jetzigen, beherzigt.

**Zu dem Rat, den sie an ihrem Hochzeitstag
bekommen hat, Association of Corporate Counsel,
4. September 2016**

FÄLLT IRGENDWO EIN gedankenloses oder gemeines Wort, hört man am besten gar nicht hin. Eine Antwort im Zorn oder Verdruss tut nichts dazu, dass man überzeugender wird.

My Own Words, 4. Oktober 2016

DIE MEISTEN VON uns haben einen Standpunkt, die meisten denkenden Menschen haben einen. Zugleich… ist es wichtig, die eigene Befangenheit nicht unter den Teppich zu kehren. Ich möchte niemanden einer Gehirnwäsche unterziehen, aber ich werde mich bestimmt nicht als neutrale Instanz darstellen.

Women of Wisdom, 1981

VON DIESEN ETIKETTEN – liberal oder konservativ – halte ich nichts. Immer, wenn ich so was höre, muss ich an dieses großartige Lied von Gilbert und Sullivan aus der Operette *Iolanthe* denken. Darin heißt es: »Jedes Mädel und jeder Junge sind entweder ein bisschen liberal oder sonst ein bisschen konservativ.« Was sollen diese Etiketten? Es kommt immer darauf an, wer gerade wem ans Hemd will.

PBS News Hour, 10. Oktober 2016

BETRACHTE DICH SELBST … als Lehrer. Antworte nicht im Zorn, denn damit schneidest du dir nur ins eigene Fleisch. Stempelt man jemanden als sexistisches Schwein ab, hat man ihn gegen sich.

Georgetown University, 27. April 2017

ES IST WICHTIG, gut zuhören zu können und nicht so sehr an der eigenen Sichtweise zu hängen, dass man den Verstand vor anderen Möglichkeiten verschließt.

92nd Street Y, 19. Oktober 2014

SOLANGE MAN LEBT, lernt man.

University of Minnesota Law School, 16. September 2014

MEINE ANTWORT AUF verzerrende Darstellungen [in der Presse und der Öffentlichkeit] ist, dass ich versuche, meinem Publikum, wer auch immer es sein mag, eine Lehrerin zu sein. Es geht darum, nicht wütend oder frustriert zu reagieren, sondern zu sagen, hey, das ist eine gute Gelegenheit, den Menschen zu erklären, wie es wirklich ist, und zu hoffen, dass Menschen im Publikum sitzen… die, wenn irgendwelche verqueren Geschichten verbreitet werden, diesen selbstbewusst und wirksam entgegentreten.

Wheaton College, 8. Juni 1997

NICHT SCHÜCHTERN SEIN und sich scheuen, den Mund aufzumachen. Und man sollte sich Unterstützung suchen, damit man nicht der einsame Rufer in der Wüste ist.

Association of Corporate Counsel, 14. September 2016

ICH BEKAM ERNSTE Zweifel, wie ich es schaffen sollte, ein kleines Kind und ein Jurastudium unter einen Hut zu bekommen. Mein Schwiegervater gab mir daraufhin einen wunderbaren Rat. Er sagte: »Ruth, wenn du dein Jurastudium doch nicht aufnehmen willst, hast du die beste Entschuldigung überhaupt, und niemand würde es dir verdenken. Aber wenn du wirklich Anwältin werden willst, dann hörst du jetzt auf, dich selbst zu bemitleiden, und findest einen Weg für dich.« Diesen Rat habe ich mir bei allen schwierigen Entscheidungen im Leben zu Herzen genommen.

Only in America, 2. September 2004

ES ÄRGERT MICH, wenn Leute sagen, um es bis ganz nach oben zu schaffen, müsse man den Traum von einer eigenen Familie begraben.

Sie sagen: »Schaut euch Kagan an, schaut euch Sotomayor an.« [Die beiden neuen Richterinnen sind unverheiratet und haben keine Kinder.] Was ist denn mit Sandra Day O'Connor, die drei Söhne großgezogen hat? Was ist mit mir und Jane und James?«

The New Yorker, 11. März 2013

ALS FRISCHGEBACKENE RICHTERIN am DC Circuit Appellationsgericht sagte einer meiner älteren Kollegen, Richter Tamm, einmal zu mir: »Ruth, ich bin jetzt schon ziemlich lange im Geschäft, und eins möchte ich dir mit auf den Weg geben: Leg dich bei jedem neuen Fall so richtig ins Zeug, aber wenn er abgeschlossen ist, wenn die Urteilsbegründung verfasst ist, schau nicht zurück. Grübele nicht über Vergangenes nach. Weiter mit dem nächsten Fall, mit ganzer Kraft.«

Thomas Jefferson School of Law's Women and the Law Conference, 8. Februar 2013

DAMALS, ALS ICH Darmkrebs hatte, hatte
Sandra Day O'Connor zur gleichen Zeit Brust-
krebs. Sie musste sich einer großen OP unterziehen, und nur neun Tage nach ihrer OP saß
sie wieder im Gerichtssaal. Ihr weiser Rat an
mich lautete: »Ruth, du bekommst jetzt eine
Chemotherapie; leg dir die Termine auf Freitag,
dann hast du am Montag das Schlimmste
hinter dir, dann sind die Nebenwirkungen fast
schon wieder abgeklungen.« So war sie. Ganz
gleich, was das Leben ihr vor die Füße warf,
sie ließ sich nicht aus dem Tritt bringen. Sie
marschierte einfach unbeirrt weiter.

Academy of Achievement Interview, 14. Juli 2016

SCHÄTZT EURE TÖCHTER genauso wie eure Söhne
und lehrt beide einzustehen für das, was richtig
ist, und mutig zu sein und sich nicht mundtot
machen zu lassen. Wenn etwas nicht gleich
beim ersten Mal klappt, versucht man es eben
noch mal und noch mal.

PJ Library Interview, 8. März 2017

So oft im Leben erweist sich das, was einem als vermeintliche Hürde im Weg steht, im Nachhinein als großer Glücksfall.

Makers, 26. Februar 2013

Niemals würde ich etwas einreißen, wenn ich mir nicht ganz sicher wäre, an Stelle dessen etwas Besseres erbauen zu können als das, was vorher dort stand.

Anhörung während des Bestätigungsverfahrens vor dem Justizausschuss des Senats, Juli 1993

WENN MAN ABGELEHNT wird, obwohl man eigentlich Besseres verdient hätte, nur nicht in Selbstmitleid versinken. Nein, weitermachen, es immer weiter versuchen, weiter allen zeigen, dass man das Zeug dazu hat, früher oder später erreicht man sein Ziel.

Besuch in der Public School 238, auf die Ginsburg als Kind ging, 3. Juni 1994

[KUNST] MACHT DAS Leben schön.

***Washingtonian*, 10. Oktober 2012**

TRÄUME ZU VERWIRKLICHEN ist harte Arbeit, aber wenn man willens ist, hart zu arbeiten, kann man nach den Sternen greifen und sie zu fassen bekommen.

Bücherlesung für Kinder bei United Way in Santa Fe, New Mexico, 16. August 2016

VIELES, WAS ICH gemacht habe und wofür ich keinen Cent bekommen habe, hat mich zufriedener gemacht als das meiste von dem, wofür ich in meinem Beruf bezahlt werde.

Georgetown University Law Center, 7. September 2016

WÄRE ICH KÖNIGIN, gäbe es nach der Highschool wohl ein »soziales Jahr« ... für irgendeine Art von gemeinnützigem Dienst, ob nun beim Militär oder an einer öffentlichen Schule. Ich glaube, es würde der Gesellschaft guttun, wenn wir jungen Menschen ein Gefühl von Gemeinsinn vermittelten.

Association of Corporate Counsel, 14. September 2016

WENN IHR EUREN Weg im Leben geht, hinterlasst Spuren. So wie andere vor euch den Weg für euch bereitet haben, so sollt ihr jenen helfen, die euch nachfolgen. Tut euren Teil dazu, die Gesellschaft so zu verändern, wie sie in euren Augen sein sollte, zum Wohle der Generationen, die nach euch kommen.

Baccalaureate Ansprache an der Brown University, 26. Mai 2002

Meilensteine

1933

- Am 15. März 1933 wird Joan Ruth Bader als Tochter von Celia und Nathan Bader in Brooklyn, New York, geboren.

1950

- Ruth macht ihren Abschluss an der James Madison High School. Am Tag zuvor stirbt ihre Mutter an Gebärmutterhalskrebs.

1954

- Ruth macht ihren Abschluss an der Cornell University als beste Studentin ihres Jahrgangs. Außerdem wird sie Mitglied bei Phi Beta Kappa.
- Ruth heiratet Martin (Marty) Ginsburg, den sie an der Cornell kennengelernt hat.
- Marty wird als Reserveoffizier zum Militär einberufen und für zwei Jahre in Fort Sill, Oklahoma, stationiert. Während dieser Zeit arbeitet Ruth für die Social Security in Oklahoma, wo man sie, als sie schwanger wird, zurückstuft.

1955

- Jane Ginsburg, das erste Kind der Ginsburgs, wird geboren.

1956

- Ginsburg beginnt ihr Jurastudium an der Harvard Law School als eine von neun Studentinnen in einem Jahrgang mit 500 Studenten. Sie wird die erste Frau, die für die renommierte Harvard Law Review schreibt.

- Bei Marty, der Ruth an der Harvard Law School ein Jahr voraus ist, wird Hodenkrebs diagnostiziert. Während er sich einer Behandlung unterzieht, sorgt Ruth dafür, dass seine Kommilitonen für ihn mitschreiben und ihm beim Lernen helfen. Marty beendet das Studienjahr mit den besten Noten seines gesamten Jurastudiums.

1958

- Nach seinem Abschluss an der Harvard Law School geht Marty nach New York und tritt dort eine Stelle in einer Anwaltskanzlei an. Ruth versucht, die juristische Fakultät von Harvard dazu zu bewegen, dass sie ihren Abschluss dort machen kann, auch wenn sie ihr letztes Studienjahr an einer anderen Universität absolviert. Die juristische Fakultät in Harvard lehnt dies ab. Ruth wechselt an die Columbia Law School. Auch hier ist sie die erste Frau im Redaktionsteam der Columbia Law Review.

1959

- Ginsburg macht ihren Abschluss an der Columbia Law School gleichauf mit einem weiteren Kommilitonen als Jahresbeste.

- Nachdem sie von jeder Kanzlei, bei der sie sich bewirbt, eine Absage bekommen hat, tritt Ginsburg eine Stelle als Rechtsreferendarin bei Richter Edmund L. Palmieri am US District Court for the Southern District of New York an.

1961

- Ginsburg wird wissenschaftliche Mitarbeiterin und später stellvertretende Leiterin einer Studie über das schwedische Rechtssystem, durchgeführt von der Columbia Law School. Sie lernt Schwedisch und lebt zu Forschungszwecken einige Monate im Land. Sie veröffentlicht ein Buch, *Civil Procedure in Sweden*, das sie gemeinsam mit Anders Bruzelius über die Ergebnisse ihrer Studie verfasst. Ihre Zeit in Schweden, wo Frauen zahlreich auf dem Arbeitsmarkt vertreten sind und Geschlechterdiskriminierung öffentlich angeprangert wird, beeinflusst ihre Haltung zum Feminismus.

1963

- Ginsburg wird Jura-Professorin mit Schwerpunkt Zivilprozessrecht an der Rutgers Law School in Newark, New Jersey.

1965

- Im Herbst wird James Ginsburg, das zweite Kind der Ginsburgs, geboren. Aus Angst, ihr Vertrag könnte aufgrund der Schwangerschaft nicht verlängert werden, verbirgt Ginsburg sie anfänglich vor ihrem Arbeitgeber und ihren Kollegen an der Rutgers Law School.

1970

- Ginsburg wird Mitgründerin des *Women's Rights Law Reporter,* der ersten juristischen Fachzeitschrift, die sich ausschließlich mit Frauenrechtsfragen befasst.

1971

- **Reed v. Reed:** Sally Reed hatte beantragt, als Nachlassverwalterin ihres verstorbenen Sohnes eingesetzt zu werden, doch als dann auch ihr Ex-Ehemann die Einsetzung als Nachlassverwalter beantragte, übertrug der Staat Idaho ihm diese Aufgabe, die eigentlich seine Ex-Ehefrau hatte übernehmen wollen. Bei seiner Entscheidung zitierte der Staat eine Vorschrift, die besagte, bei der Wahl eines Verwalters seien »Männer bevorzugt zu berücksichtigen«. Der Oberste Gerichtshof lässt *Reed v. Reed* zu, und zum ersten Mal findet die im 14. Zusatzartikel der US-Verfassung festgeschriebene Gleichstellungsklausel in einem Fall von Geschlechterdiskriminierung Anwendung. Das Gericht kippt die Regelung aus Idaho als verfassungswidrig und setzt Sally Reed als Nachlassverwalterin ein, obwohl

sie eine Frau ist. Ginsburg bereitete damals die
Verteidigung Sally Reeds vor (es sollen noch zwei
weitere Jahre vergehen, bis Ginsburg ihren ersten
Fall vor dem Obersten Gerichtshof vertritt).
Die Entscheidung im Fall *Reed* ist ein entschei-
dender Wendepunkt für das Gericht, und Ginsburg
nutzt diesen Präzedenzfall, um in den folgenden
Jahren weiter gegen Geschlechterdiskriminierung
vorzugehen.

1972

- Ginsburg wird Mitbegründerin des Women's Rights
  Project in Zusammenarbeit mit der American Civil
  Liberties Union (ACLU). Im Laufe der 1970er-Jahre
  bringt das Women's Rights Project eine ganze Reihe
  an Fällen von Geschlechterdiskriminierung vor
  Gericht. Ginsburg ist die Hauptprozessanwältin dieses Projekts.

- Ginsburg wird in die Redaktionsleitung des *American Bar Association Journal* berufen.

- Ginsburg wird die erste ordentliche Professorin an
  der Columbia Law School.

- Gemeinsam mit anderen Frauen reicht Ginsburg
  eine Klage gegen ihren Arbeitgeber, die Columbia
  Law School, ein. Die Frauen verlangen (und erreichen) gleiche Bezahlung, gleiche Pensionsansprüche
  sowie Krankenversicherungsschutz während der
  Schwangerschaft.

- Als zahlreichen weiblichen Putzkräften an der
  Columbia aufgrund von Budgetkürzungen die Kün-
  digung droht, vertritt Ginsburg sie vor Gericht.
  (Keinem der männlichen Kollegen drohte aufgrund

der Kürzungen die Kündigung.) Letztendlich behielten alle Frauen ihren Job.

- Ginsburg erklärt sich bereit, für die ACLU eine Angehörige der Air Force zu vertreten, Susan Struck. Struck war während ihres Militärdienstes bei der Air Force schwanger geworden; im Militär war es damals üblich, dass Frauen in diesem Fall entweder eine Abtreibung vornehmen ließen oder den Dienst quittierten. Für Struck kam weder das eine noch das andere in Frage. Sie nahm nur den ihr zustehenden Mutterschaftsurlaub in Anspruch und kehrte gleich darauf wieder in den Dienst zurück. Obwohl sie das Kind zur Adoption freigegeben und keinen Sonderurlaub genommen hatte, wollte die Air Force sie trotzdem aus dem Dienst entlassen. Ginsburg hoffte, der Fall könne der erste Schritt sein, einen Streitfall um reproduktive Rechte vor das Oberste Gericht zu bringen und zu gewinnen. Ginsburg beantragte eine Anhörung, und Monate später ließ der Oberste Gerichtshof den Fall tatsächlich zu. Am Abend, bevor die Anwälte ihre Anträge vorlegen sollten, nahm die Air Force Strucks Entlassung zurück, womit die Klage hinfällig wurde. Ginsburg sieht den Fall Struck im Nachhinein als eine verpasste Gelegenheit darzulegen, dass reproduktive Rechte und Geschlechterdiskriminierung eng miteinander verbunden sind (Männer wurden nämlich nicht aus dem Militär entlassen, wenn sie Vater wurden).

- **Moritz v. Commissioner of Internal Revenue:** Charles Moritz war ein unverheirateter Mann, der seine gebrechliche Mutter pflegte. Er wollte Steuervergünstigungen in Anspruch nehmen, die es für Frauen oder verheiratete Männer gab, die sich um pflegebedürftige Angehörige kümmerten, nicht jedoch für alleinstehende Männer. In dem einzigen Fall, den sie gemeinsam übernahmen, vertraten Ruth und Marty Ginsburg (ein bekannter Steuerrechtsanwalt) ihren Mandanten Moritz zusammen vor dem Appellationsgericht des Tenth Circuit. Das Gericht entschied, dass die Steuergesetze der Rechtsstaatlichkeit zuwiderlaufen und einer eingehenderen Überprüfung bedürfen, wie bereits in *Reed v. Reed* gefordert.

1973

- **Frontiero v. Richardson:** Eine Frau im Militärdienst, Sharron Frontiero, wollte Wohngeld und Krankenversicherung für ihren Ehemann Joseph beantragen. Diese Leistungen waren allerdings nur für die Ehefrauen von Militärangehörigen und für Ehemänner, die weniger als die Hälfte zum gemeinsamen Einkommen des Ehepaares beitrugen, vorgesehen. In ihrem ersten Fall, den sie vor dem Obersten Gerichtshof vertritt, erklärt Ginsburg, die Regelung des Militärs bezüglich der Leistungen für Ehepartner und Kinder diskriminiere Frauen in der Arbeitswelt und verstoße gegen das im 5. Zusatzartikel zugesicherte Recht auf ein faires Verfahren. Der Oberste Gerichtshof stimmt Ginsburg zu und kommt zu dem Schluss, dass die auf Geschlechterkriterien basierende Einordnung der Vorschriften des Militärs einer akribischen Überprüfung bedürfen, um Geschlechterdiskriminierung aufzudecken und auszumerzen.

1974

- **Kahn v. Shevin**: Mel Kahn hatte für sich die Befreiung von der Vermögenssteuer beantragt, was eigentlich nur Witwen zustand und ihm folglich verwehrt wurde. Ginsburg vertritt Kahns Fall vor dem Obersten Gericht, verliert ihn aber. (Der einzige Fall, den sie je vor diesem Gericht verlieren sollte.) Nach Meinung des Obersten Gerichtshofs sähen sich Witwen nach dem Tod ihres Ehemanns größerer Unbill ausgesetzt als Witwer, weshalb sie auch eher einer Steuererleichterung bedürften.

- **Edwards v. Healy:** Louisiana hatte den Geschworenendienst für Frauen zu einer freiwilligen Angelegenheit gemacht. Ginsburg vertritt Marsha Healy und eine Reihe weiterer Kläger (Frauen wie Männer) vor dem Obersten Gerichtshof und argumentiert dabei, diese Entscheidung beschneide die Hälfte der Bevölkerung in ihren Bürgerrechten. Der Oberste Gerichtshof kassiert die Entscheidung des District Court for the Eastern District of Louisiana, welches das Gesetz zum Geschworenendienst bestätigt hatte, und verweist den Fall zurück an die untere Instanz.

- Ginsburg wird Mitglied des Vorstands der ACLU und bleibt es bis 1980.

1975

- **Weinberger v. Wiesenfeld**: Ein Witwer, Stephen Wiesenfeld, wollte nach dem Tod seiner Frau im Kindsbett Sozialleistungen beziehen, um sich um den gemeinsamen neugeborenen Sohn zu kümmern. Als Witwer wurden ihm Leistungen versagt, die er als Witwe hätte beantragen können. Ginsburg bringt den Fall vor das Oberste Gericht, auch um dem Gericht und der Öffentlichkeit vor Augen zu führen, dass Geschlechterdiskriminierung nicht nur Frauen, sondern auch Männer betrifft. Das Gericht entscheidet, dass die Sozialgesetzgebung tatsächlich gleich drei Parteien diskriminiere: die verstorbene Ehefrau, den hinterbliebenen Ehemann und das gemeinsame Kind.

1976

- **Craig v. Boren:** Curtis Craig und ein konzessionierter Alkoholhändler stellen das Gesetz in Oklahoma in Frage, welches das Mindestalter für den Konsum von alkoholischen Getränken bei Männern höher ansetzt als bei Frauen. Ginsburg reicht dazu einen Amicus Curiae ein. (Darin beschreibt sie die Kläger, Mitglieder einer Studentenverbindung, als »die durstigen Jungs«.) Der Oberste Gerichtshof erklärt das Gesetz in Oklahoma für verfassungswidrig und befindet, dass Geschlechterkriterien in Gesetzen fortan einer »unmittelbaren Begutachtung« unterliegen sollen.

- **Califano v. Goldfarb:** Der Witwer Leon Goldfarb hatte nach dem Tod seiner Frau eine Hinterbliebenenrente beantragt. Sein Antrag wurde abgelehnt. Damit ihm diese Rente zustehe, hätte seine Frau vor ihrem Tod mehr als die Hälfte zum gemeinsamen ehelichen Einkommen beitragen müssen. Ein Kriterium, das beim Tod eines Mannes für die hinterbliebene Witwe nicht angewendet wurde. Ginsburg argumentiert vor dem Obersten Gericht, diese Geschlechterkriterien verletzten das im 5. Zusatzartikel festgeschriebene Recht auf einen fairen Prozess. Das Gericht bestätigt, die Sozialgesetzgebung sei diskriminierend, und erklärt sie für verfassungswidrig.

1977

• Ginsburg wird als Fellow ans *Center for Advanced Study in the Behavioral Studies* der Stanford University in Kalifornien berufen und bleibt dort bis 1978.

1978

• Ginsburg beginnt ihre Arbeit am *Council of the American Law Institute*.

1979

• Ginsburg wird Mitglied im Vorstand und Führungsgremium der *American Bar Foundation*.

• **Duren v. Missouri:** Billy Duren, angeklagt wegen Mordes und schweren Raubes, hatte sich ausgebeten, die Geschworenen sollten einen repräsentativen Durchschnitt der Bevölkerung darstellen. Damals hatten Frauen in Missouri die Möglichkeit, sich vom Geschworenendienst entschuldigen zu lassen, weshalb kaum Frauen unter den Geschworenen waren. In ihrem letzten Fall, den sie vor den Obersten Gerichtshof bringt, argumentiert Ginsburg im Sinne ihres Mandanten Duren und konstatiert, dass

Frauen nicht zum Geschworenendienst verpflichtet seien, impliziere, sie seien weniger wichtige Mitglieder der Gesellschaft. Das Gericht befindet, der
Ausschluss von Frauen aus der Verpflichtung zum
Geschworenendienst stelle einen Verstoß gegen das
in der Verfassung festgeschriebene Recht auf eine
faire Auswahl der Geschworenen dar, und verweist
den Fall zurück an die Gerichte.

1980

- Präsident Carter beruft Ginsburg an das Bundesberufungsgericht für den District of Columbia. Als
Bundesberufungsrichterin folgt Ginsburg überwiegend einer moderaten Linie und sucht, wann immer
möglich, den Konsens mit den beiden anderen Richtern des dreiköpfigen Gremiums.

1982

- Das *Equal Rights Amendment*, ein vorgeschlage-
ner Verfassungszusatz zur Geschlechtergleichstellung, mit dem die Gleichstellung von Männern und
Frauen ein von der Verfassung garantiertes Recht
geworden wäre, scheitert an drei fehlenden Staaten
für die Ratifizierung. Ginsburg war immer schon
eine entschiedene Befürworterin des ERA – und ist
es immer noch – mit der Begründung, das amerikanische Rechtssystem, wie so viele andere auf der
Welt, solle für die Gleichstellung der Geschlechter
ein solides, in der Verfassung verankertes Funda-
ment schaffen.

1993

- Präsident Bill Clinton nominiert Ginsburg im Juni für den Obersten Gerichtshof. Im August wird sie mit 96 zu drei Stimmen bestätigt.

1994

- Zusammen mit Richter Scalia – wie sie ein großer Opernliebhaber – übernimmt Ginsburg eine Komparsenrolle in der Produktion der Washington Opera von *Ariadne auf Naxos*.

1995

- **Adarand Constructors, Inc. v. Peña:** Bei einer Auftragsvergabe hatte das US-Verkehrsministerium ein minderheitengeführtes Subunternehmen (Peña) einem nicht-minderheitengeführten Subunternehmen (Adarand Constructors) vorgezogen, obwohl Ersteres ein höheres Gebot für den Auftrag abgegeben hatte. Der Oberste Gerichtshof entscheidet, das Verkehrsministerium habe einen Grundsatz des 5. Zusatzartikels verletzt, indem es ethnische Abstammung als Auswahlkriterium angelegt und sich so für Peña und gegen Adarand Constructors entschieden habe. Ginsburg schließt sich dieser Betrachtungsweise nicht an und schreibt stattdessen, der Kongress habe staatlichen Stellen wie dem Verkehrsministerium das Recht zugestanden, rassistisch motivierte Ungerechtigkeiten mittels der Bevorzugung von Minderheiten auszugleichen – was im Einzelfall dazu führen könne, dass es angezeigt sei, einen Bewerber auf der

Grundlage seiner ethnischen Zugehörigkeit vorzuziehen.

- **Miller v. Johnson:** Um eine faire Vertretung
schwarzer Wähler sicherzustellen, veränderte
der Staat Georgia einen Wahlbezirk derart, dass
dort schwarze Wähler in der Mehrheit waren. Der
Oberste Gerichtshof stellt fest, dass der Wahlkreis
derart bizarr zugeschnitten ist, dass er keine faire
Abbildung der Wählerschaft insgesamt mehr dar-
stellt. In ihrer abweichenden Minderheitsmeinung
schreibt Ginsburg, die Neueinteilung des Wahl-
bezirks solle nicht verworfen werden, nur weil
er scheinbar keinen logischen Gründen für den
Zuschnitt folge, und argumentiert, manchmal sei
es den Gerichten angeraten, in Fällen von Wahl-
bezirkseinteilungen einzugreifen, in denen es um
Fragen rassistisch motivierter Diskriminierung
gehe.

1996

- **United States v. Virginia**: Die US-Regierung
strebte eine Klage gegen das renommierte staatlich finanzierte Virginia Military Institute an und
verlangte, die Militärakademie solle auch Frauen
zulassen. Es gab landesweit kein vergleichbares
College für Frauen, was hieß, dass ihnen akademi-
sche und berufliche Möglichkeiten verwehrt wurden, die Männern hingegen offenstanden. Ginsburg
schreibt die Urteilsbegründung des Gerichts, die
qualifizierten Frauen zum ersten Mal den Zugang
zum Militär-College garantiert. Diese Urteilsbegründung wird oft als Höhepunkt ihrer Karriere

im Kampf um die Gleichberechtigung von Männern und Frauen vor dem Gesetz gesehen.

- **M.L.B v. S.L.J.:** Einer Mutter (M.L.B.) wurde die Beantragung des Sorgerechts verwehrt, weil sie die am Gericht zu entrichtende Bearbeitungsgebühr für den Fall nicht aufbringen konnte. Der Oberste Gerichtshof entscheidet, nur weil ein Elternteil das nötige Geld für die Gebühren nicht aufbringen könne, dürfe das sein Recht auf eine Begutachtung des Sorgerechtsanspruchs nicht beeinträchtigen. Ginsburg schreibt dazu die Mehrheitsmeinung.

1997

- Bei seiner Amtseinführung nimmt Ginsburg Vizepräsident Al Gore den Amtseid ab.
- Ginsburg erhält den ersten Sophia Smith Award des Smith College in Anerkennung ihres Beitrags zur Förderung der Frauenrechte.

1999

- **Olmstead v. L.C. :** Zwei Frauen mit psychischer/geistiger Behinderung hatten unter dem *Americans with Disabilities Act* [ein Gesetz zur Gleichstellung von Menschen mit Behinderungen; Anm.d. Übers.] die Erlaubnis bekommen, eigenständig zuhause zu wohnen, wohingegen der Staat Georgia die beiden aus finanziellen und weiteren Beweggründen in einem Heim unterbringen wollte. Ginsburg schreibt die Mehrheitsmeinung des Obersten Gerichts und befindet, dass, so sie dazu in der Lage sind, Menschen mit geistiger Behinderung unter

dem ADA das Recht haben, frei über ihre Wohnsitu-
ation zu bestimmen, und das ungeachtet eventueller
finanzieller Einschränkungen seitens des Staates.
Diese Entscheidung ist wegweisend, bestätigt sie
doch, dass für Menschen mit geistiger/psychischer
Behinderung dieselben Rechte und Privilegien gelten wie für Menschen mit körperlichen Einschränkungen.

- Ginsburg erhält den Thurgood Marshall Award der
  American Bar Association. Sie ist die erste Frau, die
  diesen Preis erhält, mit dem ihr Einsatz für Bürger-
  und Menschenrechte ausgezeichnet wird.

- Bei Ginsburg wird Dickdarmkrebs festgestellt und
  im September erfolgreich operiert. Sie versäumt
  keinen einzigen Tag am Gericht, doch Marty drängt
  sie, sich nach der Krebserkrankung einen Fitnesstrainer zu suchen, Bryant Johnson.

2000

- **Stenberg v. Carhart:** Nebraska hatte ein Gesetz
  verabschiedet, das »Teilgeburtsabtreibungen«
  untersagte, es sei denn, das Leben der Frau war in
  Gefahr. Leroy Carhart, ein Arzt, der auch Abtreibungen vornahm, argumentierte, das Gesetz sei
  eine ungebührliche Belastung für ihn selbst und
  seine Patientinnen. Der Oberste Gerichtshof erklärt
  das Verbot für verfassungswidrig. Ginsburg schreibt
  eine zustimmende Stellungnahme dazu.

- Die *New York City Bar Association* [eine Vereinigung von Anwälten und Jurastudenten; Anm. d.
  Übers.] richtet eine alljährliche Vorlesungsreihe ein,
  die *Justice Ruth Bader Ginsburg Lecture on Women*

and the Law, als Würdigung für Ginsburgs herausragende Leistungen.

- **Bush v. Gore:** Die strittigen Stimmen aus Florida sind entscheidend für den Ausgang der Präsidentschaftswahl, und das Oberste Gericht von Florida hat eine erneute manuelle Auszählung der Stimmen im gesamten Staat angeordnet, um den rechtmäßigen Gewinner zu ermitteln. Der Oberste Gerichtshof in Washington hört dazu am 11. Dezember eine mündliche Erörterung und gibt am 12. Dezember eine Stellungnahme heraus (das Wahlmännerkollegium musste am 18. Dezember zusammentreten), eine halsbrecherische und höchst unüblich kurze Bearbeitungszeit für das Gericht. Das Oberste Gericht der USA beschließt, die Neuauszählung in Florida auszusetzen, womit George W. Bush de facto zum Sieger der Präsidentschaftswahl erklärt wird. Ginsburg veröffentlicht eine abweichende Minderheitsmeinung dazu, in der sie schreibt, der Supreme Court solle die Auslegung der eigenen Statuten durch den Obersten Gerichtshof von Florida anerkennen und die Neuauszählung vonstattengehen lassen.

2002

- Im Oktober wird Ginsburg in die *National Women's Hall of Fame* aufgenommen.

2003

- **Gratz v. Bollinger:** Gegen die University of Michigan war eine Klage angestrengt worden, weil

Bewerber aus ethnischen Minderheiten weißen Bewerbern vorgezogen wurden. Die Mehrheitsmeinung des Obersten Gerichtshofs in diesem Fall befand, das Zulassungsverfahren der Universität verletze den Gleichbehandlungsgrundsatz, da beinahe jeder Bewerber einer ethnischen Minderheit angenommen werde. Ginsburg ist anderer Meinung und schreibt, da die Universität nicht versucht habe, bestimmte Gruppen von der Einschreibung auszuschließen, während sie Plätze für andere freihielt, stehe dieses Auswahlverfahren nicht im Widerspruch zum Gleichbehandlungsgebot.

- **Lawrence v. Texas:** Dieser Fall wendete sich gegen ein texanisches Gesetz, das einvernehmliche sexuelle Handlungen von gleichgeschlechtlichen Paaren unter Strafe stellte. In einer wegweisenden Entscheidung entscheidet der Oberste Gerichtshof, dass das Gesetz gegen das Recht auf ein faires Verfahren verstößt. Ginsburg schließt sich der Mehrheitsmeinung an.

- Die beiden Richter Ginsburg und Breyer haben in einer Aufführung der Washington Opera von *Die Fledermaus* Cameo-Auftritte als sie selbst.

- Ginsburg erhält von der National Association of Women Judges den *Justice Joan Dempsey Klein Honoree of the Year Award*, der ihre hervorragende Amtsführung würdigt.

2006

- Richterin Sandra Day O'Connor verlässt das Oberste Gericht und geht in den Ruhestand. Ginsburg ist somit die einzige Richterin dort.

Sie betont wiederholt, Richterin O'Conners Pensionierung sei die einschneidendste Veränderung während ihrer gesamten Amtszeit am Gericht gewesen.

2007

- **Gonzales v. Carhart:** Leroy Carhart sowie einige weitere Ärzte, die ebenfalls Abtreibungen durchführten, hatten geklagt, um Präsident Bushs Verbot einer »Teilgeburtsabtreibung« zu verhindern. Sie argumentierten, das Gesetz belaste Frauen und ihre Ärzte über Gebühr und würde bestimmte Abtreibungsmethoden wie Dilatation und Absaugung untersagen, auch wenn diese nicht ausdrücklich im Gesetz genannt werden. Das Oberste Gericht hält mit einer Mehrheit an diesem Gesetz fest und argumentiert, dass es für keine anderen Abtreibungsmethoden als die darin genannten gelte. Ginsburg ist abweichender Meinung, zitiert *Roe v. Wade* und *Casey v. Pennsylvania* als Präzedenzfälle und prangert die offensichtlich feindselige Haltung des Gerichts gegen das Recht auf Abtreibungen an.

- **Ledbetter v. Goodyear Tire & Rubber Co.:** Weil sie weniger verdiente als ihre männlichen Kollegen, hatte Lilly Ledbetter ihren Arbeitgeber Goodyear verklagt. Unter Berufung auf die in Title VII festgelegten Verjährungsfristen verwehrt der Oberste Gerichtshof Lilly Ledbetter eine Entschädigungsklage. Nach Auffassung des Gerichts kommt Ledbetters Klage schlicht zu spät. Ginsbergs abweichende Minderheitsmeinung hingegen argumentiert, Lilly Ledbetter habe nicht früh genug von der Lohn-

ungleichheit wissen können, um innerhalb der vor-
gegebenen Fristen vor Gericht zu ziehen, und selbst
wenn sie davon gewusst hätte, hätte ihr Arbeitgeber schlicht und ergreifend behaupten können, sie
verdiente weniger als ihre männlichen Kollegen,
weil ihre Arbeit weniger wert sei. Erst als Ledbetter
sich wieder und wieder als wertvolle Mitarbeiterin
erwiesen hatte und noch immer weniger Geld verdiente als ihre männlichen Kollegen, hätte sie mit
einer Klage vor Gericht Aussicht auf Erfolg gehabt –
doch bis dahin wäre es den entsprechenden Verjährungsfristen zufolge längst zu spät gewesen. Ginsburg schließt ihre Stellungnahme ab mit einem
Aufruf an den Kongress, Fälle wie den von Lilly
Ledbetter zu berichtigen.

2008

- Ginsburg erhält den *Janet Reno Torchbearer Award*
  der *Women's Bar Association*.

2009

- Präsident Barack Obama unterzeichnet den Lilly
  Ledbetter Fair Play Act, das erste Gesetz, das er
  in seiner Amtszeit unterzeichnet. Durch dieses
  Gesetz beginnt die 180-tägige Frist, innerhalb derer
  ein Arbeitnehmer unter Title VII gegen ungleei-
  che Bezahlung klagen kann, mit dem Erhalt jedes
  neuen Lohns von Neuem.

- Ginsburg muss sich im Februar einer Dickdarm-
  krebs-Operation unterziehen. Auch dieses Mal fehlt
  sie keinen einzigen Tag am Gericht.

- **Ricci v. DeStefano:** Der Fall betrifft das Auswahl-
und Einstellungsverfahren der Feuerwehr von New
Haven: Aus Angst vor einem Rechtsstreit aufgrund
von Title VII hatte die Stadt die Ergebnisse ihrer
Auswahltests verworfen, da sie rassistisch verzerrt erschienen. (Farbige und hispanoamerikani-
sche Feuerwehrleute, die an dem Auswahlverfahren
teilgenommen hatten, fielen in frappierend großer
Anzahl durch.) Etliche weiße Feuerwehrleute sowie
ein hispanoamerikanischer Feuerwehrmann argumentierten, von der Stadt diskriminiert worden zu
sein, weil diese die Testergebnisse als untauglich
verworfen hatte. Der Oberste Gerichtshof schließt
sich der Ansicht der weißen Feuerwehrleute an.
Ginsburg hingegen ist anderer Meinung und argumentiert, New Haven habe gute Gründe dafür, die
Ergebnisse nicht zu werten, und der Civil Rights
Act von 1964 (mit denen die Kläger ihre Klage
begründet hatten) sei nur für jene Fälle gedacht, in
denen Menschen rassistisch diskriminiert würden,
nicht aber, um ebenjene Diskriminierung zu korrigieren.

- Sonia Sotomayor wird im August als neue Richterin
am Obersten Gerichtshof bestätigt, sodass dort nun
wieder zwei Richterinnen im Amt sind.

2010

- **Citizens United v. FEC:** Citizens United, eine kon-
servative gemeinnützige Organisation, war der
Ansicht, der *Bipartisan Campaign Reform Act* [ein
Gesetz zur Regulierung der Parteienfinanzierung;
Anm. d. Übers.] verstoße gegen den 1. Zusatzartikel

der Verfassung. Der Oberste Gerichtshof schließt sich der Auffassung der Organisation an und hebt die Begrenzung für Großspenden durch Unternehmen im Wahlkampf wieder auf. Ginsburg gibt eine abweichende Minderheitsmeinung heraus und sagt später dazu, *Citizens United* sei die bedauerlichste Entscheidung des derzeitigen Richtergremiums, da diese weitreichende Folgen habe bezüglich der Einflussnahme von Unternehmen auf die Politik.

- Ginsburg erhält den *Benjamin Nathan Cordozo Memorial Award*, eine Ehrung für herausragende amerikanische Persönlichkeiten.

- Ginsburg erhält die Ehrendoktorwürde der juristischen Fakultät der Princeton University.

- Marty Ginsburg verstirbt im Juni. Das Paar war 56 Jahre miteinander verheiratet.

- Elena Kagan wird als Richterin am Obersten Gerichtshof bestätigt. Ginsburg sagt, mit drei Richterinnen sei nun endlich nicht mehr zu übersehen, dass Frauen sich auch dort durchgesetzt hätten.

- Ginsburg erhält die *ABA Medal der American Bar Association*, verliehen für besondere und herausragende Verdienste um die amerikanische Rechtsprechung.

2011

- **Kentucky v. King:** Polizeibeamte in Lexington, Kentucky, waren ohne Durchsuchungsbeschluss in das Haus eines Verdächtigen eingedrungen, weil sie auf dem Grundstück Marihuana gerochen hatten und befürchteten, der Verdächtige könne Beweise vernichten. Der Oberste Gerichtshof entscheidet, die Polizisten seien nicht verantwortlich für die Umstände, die dazu führten, dass sie in die Wohnung eindrangen, und daher hätten sie auch nicht gegen den 4. Zusatzartikel der Verfassung verstoßen, der willkürliche Durchsuchungen verbietet. Ginsburg widerspricht und äußert ihre Befürchtungen, was für ein Präzedenzfall damit für andere Fälle, den 4. Zusatzartikel betreffend, geschaffen werde.

- Ginsburg erhält die Ehrendoktorwürde der Harvard University. Die Harvard Law School, die ihr als Studentin den Wunsch verwehrt hatte, dort ihren Abschluss machen zu dürfen, hatte ihr in den Jahren nach ihrem Fortgang wiederholt den Ehrendoktortitel angeboten. Marty hatte ihr immer eingeschärft zu warten, bis die Universität selbst ihr die Ehrendoktorwürde anbot.

- **Wal-Mart Stores, Inc. v. Dukes:** In der größten Gemeinschaftsklage in der Geschichte der Vereinigten Staaten verklagten Betty Dukes und die weiblichen Angestellten von Wal-Mart ihren Arbeitgeber wegen seiner diskriminierenden Bezahlungspraxis. In seiner Mehrheitsmeinung, geschrieben von Richter Scalia, stellt das Gericht fest, dass eine derart große Klägergruppe (geschätzte 1,5 Millionen Frauen) unmöglich alle mit derselben Begründung eine Lohndiskriminierungsklage einreichen könnten. Ginsburg stimmt teilweise zu, teilweise ist sie anderer Ansicht und argumentiert, die Diskriminierung durch Vorgesetzte sei überall im Unternehmen nachweislich einheitlich erfolgt und hätte daher unter der Zivilprozessordnung einer genauen Prüfung unterliegen können.

2012

- **Coleman v. Court of Appeals of Maryland:**
Daniel Coleman, ein ehemaliger Angestellter des
Appellationsgerichts von Maryland, erklärte, er sei
unrechtmäßig gekündigt worden, als er sich wegen
eines belegten medizinischen Problems einige Tage
Krankenurlaub nehmen wollte. Er stützte sich
dabei auf die (Selbst)Fürsorgemaßnahmen [zur
Versorgung eines Neugeborenen, eines ernsthaft
erkrankten Familienmitglieds oder zur Rekonva-
leszenz nach einer schweren Erkrankung; Anm. d.
Übers.] des *Family and Medical Leave Act.* Diese
sollten Geschlechterdiskriminierung eigentlich verhindern, indem sie Männern wie Frauen gleichermaßen freie Tage zur (Selbst)Fürsorge zugestanden. Der Oberste Gerichtshof entschied, Coleman
sei nicht unrechtmäßig gekündigt worden. Ginsburg
widersprach dieser Auffassung und hielt daran fest,
der FMLA könne Geschlechterdiskriminierung verhindern, indem er Männern dieselben Rechte zuge-
stehe wie Frauen.

- **National Federation of Independent Business
v. Sebelius:** Florida sowie zwölf weitere Staaten
hatten das verfassungsmäßige Recht des Kongresses in Frage gestellt, den *Affordable Care Act* (Obamacare) zu verabschieden, der sämtliche nicht kran-
kenversicherte Bürger mit Steuerstrafen bedrohte
und die Versicherungsbranche von Grund auf refor-
mierte. Der Oberste Gerichtshof bestätigt die Befugnis der Bundesregierung, den *Affordable Care Act*
unter dem Besteuerungs- und Ausgabengesetz zu
erlassen. In ihrer eigenen zustimmenden Minderheitsmeinung schreibt Ginsburg, der Kongress habe

die Befugnis, den *Affordable Care Act* unter dem *Commerce Clause* [Handelsklausel; Anm. d. Übers.] zu erlassen, da Versicherungen gekauft und verkauft würden.

- *Glamour* ernennt die Richterin zu einer ihrer Frauen des Jahres.

2013

- Die *Association of American Law Schools* lobt den *Ruth Bader Ginsburg Lifetime Achievement Award* aus, mit dem herausragende weibliche Juristinnen ausgezeichnet werden. Ginsburg ist die erste Preisträgerin.

- **Fisher v. University of Texas at Austin:** Abigail Fisher, eine weiße Studentin, argumentierte, die University of Texas habe gegen den Gleichbehandlungsgrundsatz verstoßen, weil sie die Ethnie ihrer Bewerber als Auswahlkriterium heranzog. Der Oberste Gerichtshof erklärt in seiner Mehrheitsmeinung, die Ethnie der Bewerber könne tatsächlich als Auswahlkriterium herangezogen werden, allerdings erst nach strikter juristischer Überprüfung, ob die Diversitätsziele der Universität sich nicht auch anders erreichen lassen könnten. Ginsburg schließt sich dieser Auffassung nicht an und bemerkt, der Gleichbehandlungsgrundsatz verbiete nicht die Einbeziehung der Ethnie als Kriterium, wenn dieses wie hier dazu dient, eine lange Geschichte institutionalisierter Diskriminierung zu korrigieren.

- **Vance v. Ball State University:** Eine afroamerikanische Angestellte der Ball State University, Maetta Vance, hatte ihren Arbeitgeber wegen Schikanie-

rung durch einen Kollegen verklagt. Das Oberste
Gericht schreibt in seiner Urteilsbegründung, die
Universität hafte nur für Diskriminierung durch
Vorgesetzte, nicht durch Kollegen. In ihrer abweichenden Stellungnahme argumentiert Ginsburg
hingegen, als Vorgesetzter müsse jeder gelten, der
anderen Kollegen gegenüber weisungsbefugt sei. Sie
stellt fest, dass die Begründung des Gerichts die tat-
sächlichen Gegebenheiten der modernen Arbeitswelt ignoriere, in denen nicht nur die direkten Vor-
gesetzten das Tagesgeschäft und das Wohlbefinden
der Angestellten beeinträchtigen könnten.

- **Shelby County v. Holder:** Der Voting Rights Act,
ein Wahlrechtsgesetz von 1965, verlangte eine ver-
stärkte Überprüfung jener Countys, in denen es in
der Vergangenheit zu rassistischen Diskriminierungen gekommen war. Shelby County, Alabama (mit
einer langen Geschichte rassistisch motivierter Diskriminierung an den Wahlurnen), argumentierte,
dieser Abschnitt des Voting Rights Acts sei verfassungswidrig und solle keine Anwendung mehr finden. Der Oberste Gerichtshof stimmt der Argumentation von Shelby County zu und behauptet, die Fälle
rassistisch motivierter Diskriminierung lägen vier-
zig oder mehr Jahre zurück und seien längst über-
kommen. In einer leidenschaftlichen Gegenrede
argumentiert Ginsburg, nur der Kongress, nicht das
Oberste Gericht, habe die Befugnis, Teile des Wahlge-
setzes außer Kraft zu setzen, und dass das Wahlrecht
immer noch Angriffen »der zweiten Generation« ausgesetzt sei, die genauer Überprüfung bedürften.

- Inspiriert von ihrer Recherche zum Fall *Shelby
County v. Holder* und Ginsburgs mitreißender

Gegenrede legt eine Jurastudentin der NYU den Notorious R.B.G. Tumblr an. Der Tumblr löst im Netz eine neue Welle der Begeisterung für die über achtzigjährige Oberste Richterin aus.

- Ginsburg vollzieht die Trauung zwischen Michael Kaiser und John Roberts. Zwar ist es nicht weiter ungewöhnlich, dass Oberste Richter Trauungen vollziehen, doch sie ist die Erste, die ein gleichgeschlechtliches Paar traut.

2014

- Ginsburg erhält den *Rita C. Davidson Award* der *Maryland State Bar Association*.
- **Burwell v. Hobby Lobby Stores, Inc.:** Mit Berufung auf den *Religious Freedom Restoration Act* [Gesetz zur freien Religionsausübung; Anm.d. Übers.] hatten die Inhaber von Hobby Lobby ihren Angestellten die Kostenübernahme bei Empfängnisverhütungsmitteln verweigern wollen, ohne die dafür im *Affordable Care Act* vorgesehenen Steuerstrafen auf sich zu ziehen. Nach Meinung der Mehrheit des Obersten Gerichtshofs sind streng religiöse Gesellschaften mit beschränkter Mitgliederzahl nicht dazu verpflichtet, Empfängnisverhütung über die Krankenversicherung mitabzudecken. In einer glühenden Gegenrede schreibt Ginsburg dazu, die frommen Überzeugungen von Unternehmern dürften nicht die reproduktiven Rechte ihrer Arbeitnehmer beschneiden, und sie dürften auch nicht versuchen, die Bestimmungen des *Affordable Care Acts* durch die Hintertür außer Kraft zu setzen.

- Ginsburg erhält als erste Preisträgerin den *Justice John Paul Stevens Lifetime Achievement Award* für ihr Lebenswerk.

- Nachdem Ginsburg bei ihrem üblichen Training über Engegefühl und Unbehagen geklagt hatte, wird bei einer Untersuchung eine Verstopfung der rechten Koronararterie entdeckt. Die Ärzte setzen ihr einen Stent in die rechte Herzarterie, um sie freizuhalten.

2015

- Ginsburg erhält die *Radcliffe Medal* des Radcliffe Institute for Advanced Study at Harvard. Der Preis wird an Menschen verliehen, die sich zum Wohle der Gesellschaft engagieren.

- **Obergefell v. Hodges:** Verschiedene Gruppen gleichgeschlechtlicher Paare überall in den USA argumentierten, das Verbot gleichgeschlechtlicher Ehen in ihren Bundesstaaten verletze den *Equal Protection Clause* [der Schutz vor Diskriminierung garantiert; Anm. d. Übers.] und den *Due Process Clause* [der das Recht auf ein faires Verfahren sicherstellt; Anm. d. Übers.]. Der Oberste Gerichtshof erlaubt die gleichgeschlechtliche Ehe in den gesamten Vereinigten Staaten. Ginsburg schließt sich der Mehrheitsmeinung an.

- **Arizona State Legislature v. Arizona Independent Redistricting Commission:** Der Gesetzgeber in Arizona hatte die Befugnis einer von Wählern bestimmten Kommission angezweifelt, die die Wahlkreise des Staates neu einteilen sollte. Ginsburg und vier weitere Richter sind der Ansicht, dass Wähler das Recht haben, ihre eigene Kommission zur Festlegung von Wahlbezirken und Abstimmungsverhältnissen einzusetzen.

- Die Oper *Scalia / Ginsburg*, geschrieben von Derrick Wang, feiert beim Castleton Festival Premiere. In der Oper werden die juristischen Theorien der beiden Richter gegeneinander ins Feld geführt, gestützt auf eine der *Zauberflöte* entlehnten Handlung. Ginsburg, selbst leidenschaftliche Opernliebhaberin, zeigt sich öffentlich begeistert von *Scalia / Ginsburg*.

- Ginsburg erhält den *Franklin D. Roosevelt Four Freedom Award* des Roosevelt Institute.

- Das Buch *Notorious RBG: The Life and Times of Ruth Bader Ginsburg*, basierend auf dem Notorious RBG Tumblr, erscheint.

- *Time* nennt Ginsburg in seiner Liste der 100 einflussreichsten Menschen, mit einer Ehrung von Richter Scalia.

2016

- Ginsburg hält anlässlich der Trauerfeierlichkeiten für Richter Scalia im März eine Trauerrede. Trotz grundlegend unterschiedlicher Auffassungen waren die beiden viele Jahre miteinander befreundet.

- Ginsburg erhält den *American Bar Association Rule of Law Award* für ihre Bemühungen um die Vermittlung rechtsstaatlicher Grundlagen in den USA und überall auf der Welt.

- Wissenschaftlicher des naturkundlichen Cleveland Museum of Natural History benennen eine neu entdeckte Gottesanbeterinnen-Art *Ilomantis ginsbur-*

gae, weil ihr Halsschild an den Spitzensabot der Richterin erinnert, den markanten Kragen, den sie zur Robe trägt.

- **Whole Woman's Health v. Hellerstedt:** Der Staat Texas hatte eine ganze Reihe von Bestimmungen erlassen, mittels derer die Standards für Kliniken, die Abtreibungen durchführen, merklich angehoben werden sollten (was letztendlich zur Schließung vieler Einrichtungen und einer Einschränkung der Verfügbarkeit von Abtreibungen geführt hätte). Der Oberste Gerichtshof kassiert diese Bestimmungen und erklärt, sie belasteten Frauen, die eine Abtreibung vornehmen lassen wollten, über Gebühr. Ginsburg schreibt in einer zustimmenden Stellungnahme, Kliniken, die Abtreibungen vornehmen, seien ganz überwiegend hervorragend ausgestattet und stellten somit keine Gefahr für die behandelten Frauen dar, und jedes Gesetz, das den Zugang dazu einzuschränken versuche, werde einer strengen juristischen Überprüfung unterzogen.

- Im Juli kritisiert Ginsburg Präsidentschaftskandidat Donald Trump und äußert ihre Befürchtungen, was er dem Land und dem Gericht antun könnte, sollte er zum Präsidenten gewählt werden. Ihre Bemerkungen sorgen für heftige Kontroversen unter Politikern und in den Medien, sodass sie einige Tage später eine öffentliche Entschuldigung abgibt.

- Debbie Levy veröffentlicht das Kinderbuch *I Dissent: Ruth Bader Ginsburg Makes Her Mark*, das Ginsburg als Vorbild für Kinder zeigt.

- In Zusammenarbeit mit Mary Hartnett und Wendy Williams veröffentlicht Ginsburg *My Own Words*, eine Sammlung ihrer besten Reden und Schriften.

- **Sessions v. Morales-Santana:** Der in Santo
  Domingo geborene Luis Ramon Morales-Santana
  forderte die derivative Staatsbürgerschaft und
  berief sich dabei auf seinen Vater. Dieser konnte
  die amerikanische Staatsbürgerschaft nicht an seinen Sohn weitergeben, während dies Müttern im
  umgekehrten Fall möglich war. Morales-Santana
  argumentierte, die weniger strengen Richtlinien für
  Frauen verstießen gegen den Gleichbehandlungsgrundsatz. Ginsburg schreibt die Mehrheitsmeinung des Gerichts, die Morales-Santana grundsätzlich recht gibt, aber auch darauf verweist, dass es
  Aufgabe des Kongresses, nicht des Gerichtes, sei,
  diesen Fehler in der Gesetzgebung zu beheben.

- In der Premierenvorstellung von *Die Regimentstoch-
  ter* im Kennedy Center spielt Ginsburg die Gräfin
  von Krakenthorp.

2017

- Beginn der Dreharbeiten zum Film *Die Berufung –
  Ihr Kampf für Gerechtigkeit*, basierend auf dem Fall
  *Charles E. Moritz v. Commissioner of Internal Reve-
  nue* von 1972, mit Felicity Jones als Ruth und Armie
  Hammer als Marty Ginsburg.

- **Trump v. International Refugee Assistance
  Project:** Präsident Trumps Dekret, Executive Order
  No. 13780, *Protecting the Nation From Foreign Ter-
  rorist Entry Into the United States* [Schutz des Lan-
  des vor dem Eindringen ausländischer Terroristen;
  Anm. d. Übers.], verbot Bürgern von sechs mehr-
  heitlich muslimischen Ländern für neunzig Tage die
  Einreise in die Vereinigten Staaten. Mehrere unter-

geordnete Instanzen hatten bereits einstweilige Verfügungen gegen das Einreiseverbot erlassen. Der Oberste Gerichtshof streicht die mündliche Erörterung in diesem Fall und gibt eine nicht unterschriebene Stellungnahme heraus, die es der Regierung ermöglicht, gegen mehrere dieser einstweiligen Verfügungen in Revision zu gehen.

2018

- Der Dokumentarfilm *RBG – Ein Leben für Gerechtigkeit*, der das Leben der Obersten Richterin nachzeichnet, kommt in die Kinos. Bei der Oscarverleihung wird er in der Kategorie *Bester Dokumentarfilm* nominiert.

- Die erste große Biografie *Ruth Bader Ginsburg: A Life* erscheint.

- Ginsburg bricht sich bei einem Sturz drei Rippen und kommt zur Beobachtung ins George Washington University Hospital.

- Zwei Krebsknoten werden aus Ginsburgs linker Lunge entfernt.

- Der Film *Die Berufung – Ihr Kampf für Gerechtigkeit* kommt in die Kinos.

2019

- Ginsburg wird bei den MTV Movie & TV Awards mit dem *Best Real Life Award* ausgezeichnet.

- Ginsburg wird erneut wegen Bauchspeicheldrüsenkrebs behandelt.